金融普及教育丛书

北京市一流专业建设系列成果

CAMBRIDGE

Households as Corporate Firms

An Analysis of Household Finance Using Integrated Household Surveys and Corporate Financial Accounting

公司视角下的
家庭金融

Krislert Samphantharak
Robert M. Townsend

U0648934

[美]克里斯勒·山福恩萨瑞克　罗伯特·M.汤森　著

尹志超　陈家强　译

东北财经大学出版社　大连
Dongbei University of Finance & Economics Press

辽宁省版权局著作权合同登记号：06-2018-336

图书在版编目（CIP）数据

公司视角下的家庭金融 / （美）克里斯勒·山福恩萨瑞克，罗伯特·M.汤森著，尹志超，陈家强译．—大连：东北
财经大学出版社，2019.12
（金融普及教育丛书）
ISBN 978-7-5654-3572-0

Ⅰ．公…　Ⅱ．①克…②罗…③尹…④陈…　Ⅲ．家庭管理-理财-普及读物　Ⅳ．TS976.15-49

中国版本图书馆CIP数据核字（2019）第122728号

东北财经大学出版社出版发行
　　大连市黑石礁尖山街217号　邮政编码　116025
　　网　　址：http：//www．dufep．cn
　　读者信箱：dufep @ dufe．edu．cn
大连图腾彩色印刷有限公司印刷

幅面尺寸：185mm×260mm　字数：143千字　印张：7.25
2019年12月第1版　　　　　2019年12月第1次印刷
责任编辑：李　季　吉　扬　　责任校对：及　　时
封面设计：原　皓　　　　　　版式设计：原　皓
定价：36.00元

教学支持　售后服务　　联系电话：（0411）84710309
版权所有　侵权必究　　举报电话：（0411）84710523
如有印装质量问题，请联系营销部：（0411）84710711

序　言

波澜壮阔的改革开放改变了中国，也影响了世界。在四十年改革开放的伟大历程中，金融作为实体经济的血脉，实现了从大一统的计划金融体制到现代金融体系的"凤凰涅槃"。我国也初步建成了与国际先进标准接轨、与我国经济社会实际契合的中国特色社会主义金融发展路径。

经过四十年努力，我们不断改革完善金融服务实体经济的理论体系和实践路径：持续优化完善传统信贷市场，为服务实体企业改革发展持续注入金融活水；建立健全以股票、债券等金融工具为代表的资本市场，畅通实体企业直接融资渠道，增强其可持续发展能力；推动低效产能有序退出市场、临时困难但前景良好的企业平稳渡过难关、优质企业科学稳健发展，鼎力支持我国企业从无到有、从小到大、从弱到强，逐步从低端加工制造向高附加值迈进。

经过四十年努力，我们基本构建了以人民为中心的居民家庭金融服务模式：借鉴西方现代金融实践，支持家庭部门熨平收入波动，实现跨期消费效用最大化；充分利用我国银行业分支机构延伸到乡镇、互联网全面覆盖到乡村等良好基础设施，逐步实现基础金融服务不出村，促使我国普惠金融走在了世界前列；同时，积极构建与精准扶贫相配套的金融服务体系，发挥金融在扶贫攻坚中优化资源配置的杠杆作用，为人民实现美好生活提供金融动力。

经过四十年努力，我们探索了从国民经济循环流转大局增强金融和财政合力的有效方式。在改革开放过程中，我们不断优化财政支持与金融服务的配套机制，运用金融工具缓解财政资金使用碎片化问题和解决财政资金跨期配置问题，增进财政政策促进经济结构调整和金融政策促进经济总量优化的协调性，持续提升国民经济宏观调控能力和水平，既避免金融抑制阻碍发展，又防止金融风险过度集聚。

2008年，美国次贷危机导致的全球金融海啸引发了人们对金融理论和金融实践的深刻反思。金融理论是否滞后于金融实践，缺乏对金融实践有效的指引？金融实践是否已过度复杂化，致使金融风险难以识别、度量和分散？近年来，随着互联网、大数据、人工智能、区块链等技术的出现，科技发展在极大提高金融业服务效率的同时，也给传统金融业带来了冲击。金融业态正在发生重大变化，金融风险出现新的特征。在新的背景下，如何处理金融改革、发展、创新与风险监管的关系，如何守住不发生系统性金融风险的底线，已经成为世界性重大课题。在以习近平同志为核心的党中央坚强领导下，中国特色社会主义进入了新时代。在这个伟大的时代，对上述方面进行理论创新和实践探索的任务非常艰巨，使命非常光荣。为完成这一伟大历史使命，需要建设好一流金融学科和金融专业，大规模培养高素质金融人才，形成能力素质和知识结构与时代要求相匹配的金融人才队伍。北京正在建设"政治中心、文化中心、国际交往中心、科技创新中心"，加强金融学科建设和金融人才培养正当其时。

欣闻首都经济贸易大学金融学专业成功入选北京市一流专业，正在组织出版"北京市一流专业建设系列成果"，这在打造高素质金融人才培养基地上迈出了重要步伐，将对我国金融学科和金融专业的建设起到积极的推动作用，为促进我国金融高质量发展并建成现代金融体系做出应有贡献，为实现伟大复兴中国梦提供有益助力。

尚福林

前　言

　　本书源于我们基于汤森泰国月度调查对家庭行为的研究。我们的研究经验表明，基于高频月度数据，利用会计框架和财务报表，是研究家庭金融不可或缺的第一步。我们认为，这个会计框架将帮助研究者更好地界定和更准确地衡量家庭收入、消费、储蓄以及其他财务变量，加深对发展中国家家庭行为的了解。正如书中所说明的，公司财务框架使我们可以将公司财务分析和企业融资理论应用于家庭行为的研究。需要着重强调的是，本书在使用汤森泰国月度调查及此类调查数据时，不得不做出一些特定的、主观的设定，但一般而言，此会计框架并不只适用于某一具体的调查项目。会计框架在很大程度上适用于在发展中国家开展的其他家庭调查。

　　本书的研究始于我们两人都在芝加哥大学之时。早期想法得益于我们与汤森研究小组学生的讨论，特别是与立入正之（Masayuki Tachiiri）的交流。此后，尼克·布鲁姆、安格斯·迪顿，星岳雄（Takeo Hoshi），科斯塔斯·梅吉尔、乔纳森·莫杜奇、克里斯·伍德拉夫、本书编辑安德鲁·切斯，以及三位匿名评审专家都在项目的不同阶段提供了详细意见和建议。

　　参加在麻省理工学院、普林斯顿大学、加州大学圣地亚哥分校、曼谷的泰国商会大学、泰国金融部举办的研讨会，与参会者进行讨论，也使我们受益良多。项目也得益于芝加哥大学和麻省理工学院的学生。阿南·帕瓦苏蒂佩斯（Anan Pawasutipaisit）和阿卡·帕威纳瓦特（Archawa Paweenawat）为提取月度调查中符合研究目的的数据进行了编程。目前，这两位学者也都在其对家庭金融的研究中使用并进一步细化这些研究数据。山田浩之（Hiroyuki Yamada）帮助计算家庭劳动力的回报，使我们能够调整对家庭资产和财富回报的统计。本书的其中一部分曾以"公司视角的家庭：通过综合家庭调查建立财务报表"为题作为非定稿论文传阅。

　　我们非常感谢安格斯·迪顿为衡量发展中国家的家庭行为所做的贡献。他的贡献是本书的基石，我们希望所提出的框架能够回答他曾指出的一些问题。我们也要感谢坤·尚巴·佐昆塔萨田（Khun Sombat Sakuntasathien）和在泰国的泰国家庭研究计划（TFRP）工作人员。多年来，他们不辞辛劳、尽心竭力，为汤森的泰国项目进行实地调查，提供了我们在本书中所用的数据。安娜·保尔森在调查设计和早期实施过程中发挥了重要作用。剑桥大学出版社的斯科特·帕里斯和亚当·莱文以及纽根成像社的宾度·维诺德都在本书发行期间提供了极好的帮助。我们衷心感谢美国国家卫生研究院、美国国家科学研究所、约翰·坦普尔顿基金会、比尔及梅琳达·盖茨基金会通过芝加哥大学金融系统和贫困研究协会以及加州大学圣地亚哥分校为调查项目提供的资助。本书的研究发现和结论仅代表作者个人观点，并不代表资助者的立场。我们为所有仍然存在的错误负责。

中文版前言

本书的英文版已经出版十年了。在此期间，人们对家庭金融的各个方面产生了极大的兴趣。家庭如何获得信贷，以及储蓄和保险等问题，不仅在学术和政策研究领域内常被提及，而且更普遍地出现在大众媒体中。日渐增长的家庭债务和不足的退休储蓄是许多政府开始关注的关键问题。此外，金融科技和创新已渗透到日常生活中。

家庭金融的学术领域已经趋于成熟，关于发达国家和发展中国家的家庭金融研究文献不断增多，这使我们对家庭的金融行为以及各种干预政策的影响有了新的认识。随着家庭金融方面的理论研究和实证研究的持续发展，对各类研究之间的衡量方法和调查结果进行概念化的协调总结显得更加重要。

本书提供的会计理论框架很好地满足了这一需求，并使我们能够更好地理解家庭财务状况。例如，从财务会计的角度来看，如果不考虑家庭储蓄（资产负债表的资产方）和收入流动（利润表的本质内容），就不能完全看清家庭债务增长的问题（资产负债表的负债方）。

正如书中提到的，我们将理论框架应用于实际的家庭调查时往往需要做一些主观设定。例如，需要对折旧率和耐用资产的寿命进行假设，需要对如何处理礼品和转让（作为家庭的非要素收入或融资）进行设定，对易货交易记录为现金的方式亦需要研究人员做出判断，特别是在该商品流动性较强并且通常用作交换媒介（如谷物）的情况下。这与为公司提供如何处理各种交易的企业会计准则类似。自本书出版以来，根据我们进一步开展汤森泰国月度调查项目的经验，我们修改并完善了每笔交易的定义分类以及在财务报表中处理它们的方法。关于这些修订的讨论，请参见网址 http://townsend-thai.mit.edu/papers/。鉴于不同经济体内的交易性质可能不同，并具有不同的经济和财务影响，我们鼓励本书读者修改书中特定的处理方法以适应各自不同的社会经济环境背景。但是，我们希望本书所提供的总体会计框架有助于保持分析的概念化结构，使其与公司财务会计的计量和经济原则相一致。

我们很高兴尹志超教授（首都经济贸易大学金融学院院长）和陈家强先生（汤森泰国项目数据管理员）认识到本书的价值并将其翻译成中文。我们希望它能覆盖更广泛的受众群体，并进一步帮助我们改进家庭金融领域的研究；同时感谢仇化、蒋佳伶的出色校对，感谢东北财经大学出版社李季帮助联系国际版权事宜。

克里斯勒·山福恩萨瑞克，于加利福尼亚州圣地亚哥
罗伯特·M.汤森，于马萨诸塞州剑桥
献给 Khun Sombat Sakuntasathien
以及泰国家庭研究项目的成员

目 录

第一部分　从公司视角看家庭

第1章 引言

在美国金融协会的主席致辞中，约翰·坎贝尔阐述了"家庭金融"的重要性，引起了很多人对这一学术领域的关注，但在金融专业中仍缺乏关于"家庭金融"的明确定义和足够重视。类似于公司金融，家庭金融研究家庭如何运用金融手段和工具来达到自身目的。家庭金融研究不仅对发达经济体中的家庭投资者十分重要，对于发展中国家的家庭企业和家庭农场也至关重要，这些地区的金融市场常常存在问题，家庭消费、投资和生产决策通常密不可分。了解这些家庭的金融环境和金融行为最终可以帮助学者和政策制定者更好地了解家庭行为，评估针对贫困的现行政策，消除金融市场扭曲。

在过去几十年中，关于金融环境和家庭金融行为的研究在日益增长的实证发展经济学研究中占有很大比重。在许多国家，家庭调查得到了政府、国际社会学者和调查小组的大力推动，这为研究家庭金融的各个方面提供了有用数据。前期以家庭调查数据为基础的研究已提出一些关于发展中国家的家庭金融状况和行为的重要见解，但我们仍面临挑战。最重要的问题是这些调查和研究中所用变量的定义和衡量方式尚不统一。对于使用高频数据的研究而言，这个问题尤为重要。研究者需要利用这些数据分析家庭的短期行为，以了解风险和流动性管理，探究短期行为与长期家庭企业绩效和家庭财富积累之前的关系。

本书运用了在其他领域已被广泛接受和使用的理论框架，即公司财务核算和国民收入核算。我们对公司财务核算的概念进行了修改，使得该准则更适用于研究发展中国家的家庭金融。我们将修改后的核算框架纳入综合家庭调查中，并对应构建三类家庭财务报表：资产负债表、利润表和现金流量表。最后，本书将阐明如何使用这些报表分析家庭金融。

1.1 挑战

正如 Campbell（2006）所强调的，家庭金融研究是一个具有挑战性的领域，因为家庭行为难以衡量，而且主流金融学文献也难以涵括家庭面临的制约，即参与和管理的多样化。家庭也有重要的非贸易资本，即人力资本。家庭还持有非流动资产，即土地和房屋。虽然坎贝尔的论证以发达国家数据为基础，但类似的观点同样适用于发展中国家家庭。事实上，发展中国家的家庭金融问题研究面临更多的挑战。许多发展中国家的家庭不仅仅是要素投入者，购买和消费产出的消费者，它们也从事农业和非农业生产活动。对于收成不佳的农民来说，购买投入和出售产出之间经常存在很大的时间性差异；对于有存货和信贷的企业来说，也存在投入和收入之间的时间性差异。因此，高频数据对于流动性研究，保护消费和投资不受现金流波动影响，以及家庭如何对经营活动进行融资都具有重要意义。我们也希望了解这些家庭长期以来的财务状况。作为企业的家庭如何有效地利用其资产进行生产活动来创造收入？资产和信贷的收益率相对于别的投资来说是多少？

这些问题需要我们区分作为流动性衡量标准的现金流量和作为绩效衡量标准的净收入。虽然二者的区别一直是金融经济学的核心问题，但美国和全球金融市场2008年的事件使我们更加关注二者的区别。对于企业来说，流动性问题所导致的企业失败或资金注入，与绩效不佳、破产以及低效的紧急救助是有本质区别的。在发展中国家，许多家庭也经营小生意，这让前面所提的问题更加复杂。这些家庭的消费和投资可能更难以区分。在实践中，即使是在最为普通的环境下，人们又会如何区别现金流动性和绩效呢？

关于公司金融和财会的文献清楚地定义了收入和现金流，但是我们如何将它们应用于那些有工商业经营活动的家庭呢？一方面，大多数关于公司的调查都不考虑所有者的情况。虽然股东自身的消费与股东分散的大企业的决策不太相关，但在私有企业，持股人也是所有者，股息在很大程度上用于消费，股东的消费便与企业政策紧密相连。另一方面，发展中国家的生活质量评估调查（LSMS）、家庭生活调查和其他家庭调查也肯定了消费和生产活动的关系。虽然这些调查非常详尽，并提出了很多很好的问题，但它们往往没有清晰界定收入、消费、投资、融资的概念和衡量方法：我们对收入是如何定义的？换言之，收入是在生产时获得还是在销售时获得？我们对多期生产如何处理？对于那些从投入到最终产出周期长的投入成本如何处理？

让我们举一些例子来说明。虽然世界银行生活质量评估调查中农业部分的问卷涉及了一些与家庭相关的有用问题，但其问题含义或措辞有时并不明确。该调查询问家庭在一个特定种植季节里的投入以及花费，并将这两者等同。但是对于一些家庭来说，这两者是不相等的[①]。如果家庭将以前的库存投入使用，那么在指定季节的支出可能被记录为零。同样地，在某季节中购买的投入要素可能不在本季节使用。在收入的计算上也有相同的问题。LSMS农业部分询问过去12个月或上一季的生产以及该产品的销售情况，但通常没有询问库存产品的销售情况，或至少没有清晰地界定[②]。有时，发展中国家常见的其他交易行为在家庭行为的财务分析中也是不可忽略的：我们如何处理家庭自用的而从未出售的产出？产出与投入结余如何输入账户中？我们如何处理那些通常被认为是

---

① 阿尔巴尼亚统计局（2005年）的LSMS问卷询问"你在过去的耕作期中使用了多少（...）"？（模块12：农业，D部分：投入，问题2和3）和"你在上个耕作期花了多少钱..."（问题4）。

② 来自Reardon和Glewwe（2000）的LSMS问卷问道："你们在过去两个耕作期里收获了多少？"（农业调查模块，标准版，C2部分：投入，问题3）和"你出售（...）的价格是多少？"（问题4）。

收入，但与生产活动没有明确联系的财物，如礼品、转账和汇款？除了在任何调查中自然存在的测量误差外，定义变量以使其与理论框架保持一致，并可以统一度量与合并至关重要。Singh，Squire 和 Strauss（1986）以及 Deaton（1997）讨论了关于家庭模式和问卷调查的重要问题，着重分析了数据需求和对数据收集的影响。

1.2　解决方案：利用综合家庭调查建立财务报表

我们在本书中提出，有必要运用会计框架整理分析调查数据。正如引言中提到的 Angus Deaton（1997）所指出的，我们需要衡量个体交易，才能构建关注的各种变量。但该过程并不简单。因此，我们将标准的企业财会应用于家庭调查数据中，并对其进行适当修改，毕竟标准企业财会也适用于处理各类大大小小的交易。企业财务报表是国民收入和国民生产核算账户的基础，借助财务报表，研究者能够将微观层面的家庭金融研究与总体宏观经济联系起来。

具体来说，我们为发展中国家的家庭创建资产负债表、利润表和现金流量表。目的是在分析高频且长期的面板数据时，更好地衡量生产率、风险以及短期和长期的财务状况。虽然账户中存在调查误差，但采用账簿和综合账户的会计框架有助于识别误差，并检验可能存在误差的记录。例如，未报告的食品现金支出意味着利润表中的消费报告不足，夸大了财务报表中的现金持有和财富。

接下来，我们将家庭和企业进行类比。例如，将家庭财富视为股权，消费视为股息，礼品视为股权发行，家庭预算约束视为公司现金约束。我们在现金流量表里将储蓄作为现金盈余，而在资产负债表里将储蓄作为财富积累。同样地，我们区分了预算赤字的流动性管理和财富积累的资产负债管理。

我们依据现有的高频家庭调查提供的一系列详细问题，创建每个财务报表的行项目。我们通过确认每一笔交易来准确地说明它如何被纳入资产负债表、利润表和现金流量表。至少在研究初期，这一过程必须逐个家庭和逐期进行。关于许多多期生产活动，本书也进行了设定，例如，仓储、库存、牲畜老化、贷款偿还、易货交易、礼品和转让、家庭产出消费和其他家庭间交易。

具体而言，我们使用"汤森泰国月度调查"数据，该月度调查覆盖泰国乡村和城镇地区的 16 个村庄，约 700 个家庭。首先，我们有意选择了具有典型性和特殊性、交易比较复杂的家庭。我们手工创建了这些家庭的账户，同时概念化问题并进行设定。然后，随着相关概念的形成，我们将调查中所有家庭的处理程序自动化，使用计算机代码创建账户。本书中的大部分内容都是对这些问题的讨论和所做的具体设定。尽管我们对比较复杂的交易情境和其他研究方案持开明态度，但我们非常重视清晰度和系统性。实质上，对于一些非常重要的交易，财务会计框架要求我们进行一些主观设定并明确告知其设定方式。这是本书的重要贡献，否则在概念和衡量上便不明确。其他人可能不认可我们的设定。但我们仍鼓励他们将会计核算框架应用于调查数据，下面将讨论其优点。

显然，创建家庭财务报表不是研究发展中国家家庭的财务状况和行为的唯一方法。一些关于消费平滑、家庭投资融资以及家庭生产行为的研究并不依赖于会计框架。但我们认为使用企业财务会计作为家庭金融分析的理论框架的确有如下几个优点。

第一，企业财务报表有助于研究人员更好地界定财务变量。如前所述，财务报表明确区分了应计收入与现金流量，并区分了作为财富积累的储蓄和作为企业预算盈余的储蓄。它也说明了家庭财产与家庭财富之间的差异，因此产生了资产回报和财富回报的差异。财务报表帮助研究人员对每个账户中主要变量的多种类别进行系统划分。例如，一个家庭的总资产包括现金、应收账款、金融机构存款、其他借贷、存货和固定资产。负债包括应付账款和其他借款。财富来自储蓄和收到的礼品。净收入是总收入与总支出的差额，用于消费或留存。融资来自手中的现金、金融机构存款、信贷协会（ROSCA）（借记）借款和收到的礼品。对关注变量的明确定义，反过来有助于提高调查问卷的清晰度，尤其是对于那些措辞含糊的问题更为有益，例如本书之前讨论的LSMS农业部分中存在的歧义。会计框架有助于我们设计问卷时区分收购意图、使用、收成和库存销售等问题。

第二，企业财务报表的另外一个优势在于，根据规定，财务报表必须在账户之间进行调节。具体来说，我们使用三大会计恒等式来确认账户构建是否正确：（1）在资产负债表中，家庭总资产必须等于家庭总负债和家庭财富之和。（2）资产负债表中增加的家庭财富必须等于所收到的礼品和家庭储蓄之和，此处收到的礼品来自现金流量表，储蓄是利润表中应计净收益与家庭消费之差。（3）现金流量表中的现金净变化必须与资产负债表中的现金变动数值相等。通过这些平衡的账户，我们避免了一个其他多专题调查中的常见问题，即从问卷的某部分中产生的变量与问卷另一部分中同一变量的数值不同。例如，Kochar（2000）指出，LSMS中按照家庭收入减消费计算出的家庭储蓄与按照家庭资产变化计算的家庭储蓄不相等。但其中一个可能的解释是，除了家庭储蓄外，家庭可以通过负债来筹集资金。另一个原因是，第一种储蓄的衡量可能使用的是收付实现（现金）制，第二种使用的是权责（应计）发生制。严格的会计框架保证了我们通过不同方法计算同一变量时会得到相同的结果，或者明确它们是不同变量。

第三，财务报表为我们应用标准的财务分析来研究家庭金融提供了一个简单的方法。事实上，我们在第5章中用两个家庭案例说明了这种财务分析。我们提出了家庭资产回报和财富回报，各种风险和流动性的管理手段，消费和投资的融资机制，以及这两个家庭的财富管理策略。另外，对于经济建模，财务报表允许我们将金融文献中的理论和实证方法应用于家庭平行问题的研究。这些理论包括资本结构和固定资产投资、股利支付、流动性管理、资产投资配置、资产表现以及风险与预期收益之间的权衡。本书第6章介绍其中一个可能的应用，即分析流动性约束、亲属关系网络和家庭投资融资。第7章讨论了家庭作为企业时可能适用的其他模型。

第四，虽然在本书中没有明确说明，但是将标准的公司财务会计应用于家庭及其工商业经营，使得研究人员可以获得将中小家庭企业的业绩和财务状况与大公司的经营情况和财务状况作比较的一致指标。例如，大型企业的数据多大程度代表一个经济体的商业部分？为了回答这个问题，我们必须以相同的方式衡量每种情况下的绩效和财务状况。另外，正如我们在第2章所讨论的那样，企业财务报表界定了家庭企业应计收入的衡量指标，即可以利用报表中的行列项目得出生产中的增加值。因此，这一措施与国民收入和产品账户（NIPA）中对国民收入的定义一致。事实上，国民收入和产品账户中的私营企业收入账户恰恰来自企业标准利润表。因此，这些家庭金融账户可用于估计小家庭企业对国内生产总值的贡献，并成为更广泛研究宏观经济总体的微观基础。

1.3 本书发现：汤森泰国月度调查总结

如 1.2 节所述，我们将概念框架应用于"汤森泰国月度调查"，以说明我们如何构建财务报表，以及如何使用这些账户分析家庭金融。我们展示了两种不同但互补的家庭金融分析方法。第一，在第 5 章中，我们对两个典型案例的家庭进行财务分析：一户相对富裕的零售商和一户相对贫穷的农民。第二，在第 6 章，我们使用回归分析研究流动性约束和家庭投资融资。金融分析师和债权人普遍使用案例研究方法，因为人们想知道一个具体公司或家庭的情况是好还是差。但案例研究方法的研究结果一般是具体的，不能泛化，所以我们用每个家庭所在府的四分位数据补充家庭案例。这些补充的统计数据不仅帮助我们将案例家庭与同一地区的其他家庭进行比较，也为我们提供了来自汤森泰国调查关键数据的重要总结。另外，回归分析让我们能运用全部家庭样本，检验新古典主义的一些基本结构和假设。当然，这种方法忽略了个别家庭行为的细节。

应用这些账户反映出发展中国家家庭作为企业的一些有趣发现。详细的讨论出现在本书第 5 章和第 6 章中，我们在这里重点介绍一些研究发现。

第一，家庭平均资产收益率的离散程度较大（即使在对家庭劳动力和风险进行调整后，如下所述）。相对贫困的家庭似乎收益率较高。我们可以将收益率分解为利润率和资产周转率，以了解不同的商业战略，如工业组织和小额信贷的理论。

第二，对于一些家庭来说，资产收益率可能与家庭净资产收益率相差很大（或相等）。对于那些负债水平相对较高的家庭，资本收益率与家庭净资产收益率差距较大。对于其他家庭，资产回报和财富回报之间差异较小将会导致债务水平相对较低，这可能是因为信贷市场不完善或者这些家庭不愿借贷。

第三，当减去估算的家庭劳动机会成本时，资产收益率急剧下降，但收益率的差异仍然存在。根据资本资产定价模型（CAPM）的风险溢价进行调整后，如果家庭获得的回报与村庄平均收益率高度协整，则相对于同水平家庭的平均收益率，部分家庭的收益率会更低。风险调整后贫困家庭收益率似乎高于富裕家庭。

第四，收入波动较大。现金流量波动剧烈，远高于应计收入。消费更平滑，尤其是家庭产出的消费。当衡量消费与现金或消费与应计收入之间的关系时，比例均小于（或远低于）整体，此表示为平滑。

第五，应计净收入上消费和收入的相关性高于两者在现金流上的相关性，从此意义上来说，一些家庭的行为更多地基于应计净收入，而不是现金。相较于应计净收入，其他家庭的消费对现金形式的流动性更为敏感。一些家庭的消费与投资负相关，表明这些家庭可能通过出售资产来为消费提供资金，或通过减少消费来投资。

第六，现金被用于弥补消费和投资带来的流动性不足。然而，很大一部分家庭也使用礼品和借款，尤其是在不太发达的地区，而且，相当数量的金融交易与现金赤字间不存在直接相关性，或至少当期无关。例如，对于研究的案例家庭，借款作为储蓄存入；收到的礼品增加，借款减少；礼品作为现金持有。

第七，在财产管理方面，在相对发达的地区，家庭财产的增长与现金增加有关，但对于研究的案例家庭而言，家庭财产增加的一部分与现金有关，另一部分与投资组合中的其他资产有关。对于相对贫困地区的家庭，库存变化似乎是财产管理非常重要的一部分。

第八，投资－现金流敏感性分析表明，我们样本中的乡村和城乡接合区家庭似乎面临流动性约束问题。这些限制因素因本地的家庭关系网络得到一定程度缓解，比如在同一村庄中拥有直系亲属。网络效应可能来自直接渠道（来自村里人的礼品和借款）和间接渠道（作为网络一部分的质量保证信号）。

第九，研究结果显示，投资－现金流敏感性意味着流动性约束，但是反之则不成立。投资－现金流敏感性低的家庭可能拥有大量现金，从而避免了流动性约束。结果表明，由于持有的大量现金是内部资金，即使当现金流敏感性低时，家庭也可能受到流动性约束。

1.4 本书安排

本书余下部分安排如下。第一部分中的第2章阐述了本书的概念框架。本书将典型的家庭和典型的企业进行比较，讨论两者之间的一些差异。第2章还介绍了标准财务会计的概念框架，这是构建家庭财务报表的基础。

第二部分介绍在家庭调查基础上建立家庭财务报表的实际操作方法。第3章讨论在发展中国家进行的一般性综合家庭调查的特点。我们对调查问卷的细节权衡和调查频率进行了评估。第3章结尾对作为本书研究案例的汤森泰国月度调查进行总结。第4章阐述了我们如何将公司财务账户的概念应用于家庭调查。最重要的是，我们讨论如何修改标准的企业财务报表来处理发展中国家家庭特有的交易和实际情况。

第三部分说明了我们如何利用综合家庭调查构建的财务账户来研究家庭金融。在第5章中，我们研究了两个案例家庭的金融行为。有些家庭被用来概念化我们的账户。我们在案例研究中将对其进行介绍，阐述如何使用会计数据。我们对剩余数据进行基础统计，为所在府不同的两个个案研究提供参考。第6章介绍了我们的账户在构建家庭金融的经济模型中的应用。在这里，我们借鉴了公司金融文献的理论框架和实证方法，将其应用到对家庭的研究中。我们遵循公司投融资中的啄序理论，并应用投资－现金流敏感性，分析流动性和融资对家庭投资的影响。本书还介绍了如何将非金融信息整合进家庭金融调查，例如，可以将家庭村庄的人口与家庭金融相结合，考察血缘关系网络对家庭流动性约束的影响。第7章讨论了将公司的财务框架应用于家庭调查而得到的结论，以及如何利用财务会计来改进以后的调查设计。本章还介绍了在分析家庭行为时使用金融账户的一些限制。本章结尾探讨了本书理论框架对家庭决策模型的影响。

第2章 理论框架

本书目的是探究在分析高频面板数据时如何更好衡量生产力、流动性、风险、融资和投资组合，阐述家庭和企业之间的可比性。本章阐述了一个理论框架，可以使我们通过在发展中国家的高频调查，将企业财务会计概念修改并应用于家庭。在2.1节中我们首先解释了家庭与企业公司可比性，介绍了标准企业财务会计的背景知识，在2.2节中我们讨论了传统资产负债表、利润表和现金流量表与家庭金融的相关性。

2.1 作为公司的家庭：可比性

发展中国家的家庭不仅是投入供给要素、购买、消费产出的消费者，许多家庭也从事农业和非农业的生产活动。本质上，这些家庭就像公司一样运作。为了理解这种类比，我们首先讨论一家典型公司从事什么样的业务活动。然后我们阐释把家庭作为公司来看待的可比性。在本书后面部分建立家庭财务报表时，该类比为研究的理论框架。

在 Hart（1995）的研究基础上，我们将企业定义为资产的集合。为了获得这些资产，企业必须进行必要的融资。资金的两个主要来源是债权人和所有者。公司的所有者是股东。来自债权人的资金是企业的负债，来自所有者的资金是股东的出资额。公司将其资产用于可能产生收入的生产活动。扣除所有生产成本（包括企业所得税）后，剩余的是公司净利润。该公司用其净收入向股东分红。剩余的净收入以留存收益的形式回到公司。留存收益增加了投入资本，构成了股东资产总额，这是公司所有者权益的总额。

同样地，一个典型的家庭也进行几项活动。家庭拥有资产，例如房屋、农田、牲畜和拖拉机等①。为了获得这些资产，家庭从两个主要来源获得资金：债权人和所有者。家庭成员是家庭的所有者。从债权人处得来的资产，即家庭的债务，是家庭的负债。所有者的资金是家庭成员投入的资本。家庭将其资产用于可能产生收入的生产活动。这些活动可以是种植、水产养殖、畜牧养殖、提供劳务或其他事情。减去所有生

---

① 一般来说，家庭资产也包括诸如商业银行存款的金融资产和非正规信贷。

产成本和个人所得税，家庭所得是税后净利润，即家庭的可支配收入。然后，家庭利用其可支配收入向所有者分红。分红是以家庭成员消费的形式出现的[①]。剩余的净利润，即留存收益，就是家庭储蓄。储蓄增加了投入资本，或者增加了初始财富，成为家庭的总财富，这是家庭成员对家庭财富的总权益。随着储蓄增加，家庭资产的增加幅度与家庭财富的增加幅度相同。财富是剩余索取权，即家庭资产超过其对债权人负债的部分。

要明确的是，家庭本质上与公司不同，特别是其组织结构和组成部分。区别之一是家庭与公司的定义。通常，企业财务准则使用一个法律定义来识别一家公司。公司是在政府注册的企业单位，被视为一个法人。与注册公司不同，一个家庭由一群个人组成。虽然每个人都作为特定家庭的成员在政府注册，但这个标准与一般家庭调查中定义的家庭不一致，如果一群人住在一起至少一定天数，或者他们共同分担一定的费用，则他们就是一个家庭[②]。

除了定义，一个家庭便可以被看作是类似于公司的组织。此外，我们可以将一个大家庭看作一个具有多个部门的综合性企业，将一个血缘相连的家族看作一个企业集团。而且，当家庭成员进入或退出家庭时，家庭规模也发生变化。通过结婚进入到家庭中，携带个人资产来增加总的家庭资产，类似于为补充资本而向新股东发行和出售股票，或类似于业务合并或收购。同样，离婚或分家也可以被视为企业的分拆。

另一个重要的区别就是所有权和股息。注册企业公司的所有权定义十分明确。每个股东根据其持股数量拥有该公司相应的份额。股息通常以每股为单位支付或定义。但家庭的所有权可能是模糊的。虽然我们可以认为家庭成员是家庭的所有者，但通常无法清晰界定每个家庭成员拥有家庭资产的比例。类似地，以消费形式向每个家庭成员支付的"股息"通常无法测量，并且不一定取决于成员在家庭所拥有的财产比例。注意，将一个家庭作为统一实体的含义是，我们假设家庭是一个决策制定单位，我们忽略家庭内部的任何决策和交易过程。这限制了我们分析家庭内部分配，但如本书第6章所示，家庭大小、性别比例和其他家庭人口变量可以纳入家庭金融分析[③]。

尽管存在这些差异，我们仍认为，将公司财务报表常用的理论和方法应用于家庭金融，有助于我们更好地了解家庭行为，特别是其消费、投资和融资决策。最后在本书中，我们不把家庭看成是独立于企业的实体。我们将家庭本身视为一家公司，为家庭-企业的集合体建立财务报表。这样做的理由是，发展中国家的市场可能不完善，消费等

---

① 这可以被看作是对股利分红政策的消费动机，稍后在第7章详细介绍。

② 例如，汤森泰国月度调查将自从上次每月调查以来居住在此住房中至少15天的个人定义为家庭成员。

③ 关于家庭交易和"家庭资源配置"有大量文献，有关家庭资源配置的文献，参见Duflo和Udry(2004)，Thomas(1990,1992)。同时，尽管消费在个人或次级家庭层面进行测量较为困难，但家庭行为的研究可以依赖于劳动力供给数据，家庭成员共同拥有的资产可以作为家庭公共资产。例如，Chiappori(1992)研究了家庭的集体劳动力供给。相关地，Beegle，Frankenberg和Thomas(2001)与Contreras，Frankenberg和Thomas(2004)研究了家庭交易及其对健康和福利的影响。Deaton(1997)讨论了家庭内部分配和性别偏见。

家庭行为可能无法与生产活动分开。

2.2 财务报表概述

一旦我们建立了将家庭视为公司的理论框架，下一步就是把企业财务会计进行修改并应用于家庭。标准财务报表通过三大报表来显示公司的财务状况：（1）资产负债表；（2）利润表；（3）现金流量表。本节概述企业财务会计概念，介绍内容以及必要性。我们还讨论了每个报表与家庭金融研究的关系。这一背景对于本书稍后所阐述的在家庭调查的基础上构建财务报表至关重要。除特别说明，本书中所使用的概念和方法均为标准化的，并遵循 Stickney 和 Weil（2002）提出的概念和方法。

2.2.1 资产负债表

公司资产负债表列示了企业在某既定时间的财务状况。资产负债表中的主要科目为资产、负债和所有者权益。资产是有可能在未来为企业提供利益的经济资源。负债是债权人对公司资产的索取权。所有者权益显示所有者已向公司提供的资金数额，这也是他们对公司资产的索取权。来自所有者权益的资产索取权是满足债权人所要求资产后剩余资产的部分。由于企业必须将融资的资金进行投资，资产负债表中的资产必须等于负债与所有者权益之和。

对家庭来说，资产负债表包括三个主要部分：家庭资产、家庭负债和家庭财富。典型的家庭资产是现金类资产，如金融机构存款或民间借贷的金融资产、各种类型的存货，以及土地、建筑和设备等固定资产。家庭负债是指正式或非正式地从金融机构或私人处取得的借款。家庭财富是家庭成员拥有索取权的、家庭资产超过负债的剩余资产。基于家庭净收入的储蓄或其他交易（如礼品）使家庭财富随时间而变化。这些储蓄和礼品可能为正，也可能为负。附录中的表 A.1 和表 A.4 展示了案例家庭的资产负债表的例子，本书将在第 5 章详细讨论。

2.2.2 利润表

利润表是关于一段时间内收入、成本、收益和损失的报表，最后合计得到该期间的净利润。净利润是总收入减去总成本。收入实质上是销售商品或提供服务时流入企业的净资产。成本实质上是公司在营利过程中所使用的净资产。因此，利润表反映了企业在特定时期内的经营活动。

利润表有两种构建方式。一种方式是以收付实现制为基础的核算，考虑公司收到或支出现金的收入和费用[①]。这种方式适用于以下两种情况：（1）企业库存变化很小；（2）购买投入、生产和销售活动在同期发生。否则，某一特定时期的销售现金流入可能与前期投入的生产和现金流出有关。另一种方式是权责发生制的核算方法，在公司销售产出时计算收入和成本（收费）。因此，由于每个特定期间的收入和成本与同一活动或

---

① 在这种情况下，我们广泛地使用"现金"这个术语来区别"现金收付实现制"和"权责发生制"的会计核算方法。然而，现金不仅指流通货币，两种会计核算方式都可以包括非现金、实物交易。

资产的产出有关，所以，相比于多变的以收付实现制为基础的利润表，权责发生制的利润表更准确地反映了公司使用资产的绩效和营利能力。

家庭会从事一些需要数月或数年时间才能完成的活动，特别是在发展中国家的家庭，种植和养殖是常见的生产活动。另外，库存也十分重要，特别是对于农业生产，其投入和产出价格在一年内有很大波动。数据收集越频繁，此类问题就越严重。因此，本书用权责发生制的会计方式来为发展中国家的家庭建立财务报表。需要注意的是，这里提到的家庭净利润不一定是家庭的现金收入。但是，我们可以从下面讨论的现金流量表中检索现金收入。附录中的表A.2和A.5是两个案例家庭的利润表，我们稍后将在第5章讨论。

2.2.3 现金流量表

现金流量表是企业个体与外部在一段时间内现金收支的时间表或记录。基本思想是每笔现金交易都涉及现金流入或现金流出。现金流入交易记为正，现金流出交易记为负。合计所有交易的数额，就能得出公司在一段时间内所持现金的净变额。通常，交易根据其功能可分为经营、投资或融资。

除资产负债表和利润表之外，我们也需要现金流量表。这主要基于以下两个原因：首先，如上所述，以权责发生制为基础的利润表中的净利润不等于经营活动中产生的现金净流入额。通常公司在出售相关产品（现金流入）之前有投入（现金流出）支出。这些时段不吻合的资金流动可能导致短期现金短缺或流动性问题。资产负债表和利润表不提供关于公司流动性的信息。其次，与第一点相关，现金流入和现金流出不一定与生产有关。投资和融资活动也涉及现金流动。这些交易的例子包括固定资产积累、贷款和借款，股息支付和发行新股形式的资本化。

从定义上说，总现金流出量必须等于总现金流入量加上公司现金持有量的减少量，即公司的支出必须有某个来源。公司的融资可以来自：（1）内部来源，例如手头的营业收入或现金；（2）外部来源，例如借款或发行新股。这种对等在公司金融文献中通常被称为现金约束。同样地，我们可以认为，内部和外部融资的总资金必须花费在某个地方。

类似地，一个家庭在其预算中面临着类似的约束条件。在特定时期内的家庭消费必须由内部或外部的某个资金来源支持。我们将每个家庭的交易归为以下三种类别：（1）生产；（2）消费和投资；（3）融资。公式（2-1）说明在特定时期 t，一个典型家庭的简单预算约束：

$$C_t + I_t = Y_t + F_t \qquad (2\text{-}1)$$

公式左边是家庭消费，包括消费支出 C_t，固定资产投资或者资本支出 I_t。右边是家庭资本来源，包括家庭的生产现金流 Y_t，各种融资手段 F_t，如现金、银行存款、借贷和礼品[①]。可以看出，如何将具体交易划分到这些类别中，有时候是模糊的。投资交易值

---

① 利息收入和花费包括在总净收入里面，因此现金流来自生产。

得特别关注。传统观念里，固定资产投资被视为投资类别的现金流出，称为资本支出，而融资资产投资（如借贷）则作为融资类别的现金流出。请注意，创收的生产活动与融资行为是分开的。换句话说，如果把生产现金流 Y_t 从式（2-1）的左边减去，我们可以把所得定义为一个预算赤字 D_t，即现金消费和投资支出超过生产现金流的部分，它等于某种方式的融资额 F_t。下文将具体阐述。

为了从生产 Y_t 中计算出现金流，我们使用利润表中的家庭净收入，并进行以下调整。这些调整涉及与现金无关的生产活动类的交易。首先，我们从净收入中减去所有增加的库存和应收账款。库存增加通常是涉及多期生产（包括存储活动）成本的现金流，但尚未进入当期净收入计算。另外，应收账款的增加即使尚未以现金支付，也纳入收入和净收入。其次，我们增加折旧，也将应付账款增加到净收入中。即使没有实际支付现金，折旧也作为生产成本被扣除。同样地，应付账款的增加反映了家庭对供应商尚未实际支付的成本。再次，我们从净收入中减去未实现的资本收益和未实现的资本损失，并将净现金资本损失增加到净收入中。未实现资本收益是正向收入的一部分，尽管没有实际的现金流入。未实现资本损失是负向收入的一部分，而没有实际的现金流出。最后，我们将家庭产品的消费从净收入中减去，把家庭内部交易与外部交易的流动性分开。家庭产品的使用是家庭收入的一部分，但它不是现金流入。

附录中表 A.3 和 A.6 是案例家庭的现金流量表的示例，我们将在第 5 章详细讨论。

2.2.4　家庭合并财务报表

家庭合并财务报表综合考虑家庭情况，不区分家庭不同的生产活动。家庭合并资产负债表代表了家庭的总财富。家庭资产由实物资产和金融资产构成，实物资产用于农业、商业、畜牧业（包括动物本身）、鱼虾类养殖场和其他家庭活动。在任何具体的生产活动中，一般不会对诸如民间借贷和在金融机构的正式储蓄等金融资产进行逻辑上的区分。家庭总负债为它的债务，主要由借款组成。家庭债务可以用于消费或生产，在合并报表中不需要区分。家庭成员的财富等于加上家庭成员总负债后的总资产。家庭合并利润表是家庭的总收入。再言之，有可能某个家庭同时从事多个生产活动。例如，一个农户可以同时种植庄稼和养鸡。在这种情况下，家庭被视为一个多元化集团。同样地，家庭的合并现金流量表反映了家庭和其他外部实体之间的净现金流量。我们也不区分家庭内部成员之间的交易。

我们使用三个会计恒等式来确认我们的总报表是否构建正确：（1）在合并资产负债表中，家庭总资产必须等于家庭总负债与家庭总财富之和。（2）合并利润表中增加的家庭财富数额必须等于收到的礼品和储蓄的总和，其中收到的礼品与合并现金流量表中的一致，储蓄是累计净收入（来自所有生产活动）与家庭合并利润表中的消费之差。（3）合并现金流量表中的现金净变额等于合并资产负债表中的现金变动。

为每个生产活动构建单独的财务报表在原则上和实践上也具有可行性。但实际上我们难以明晰每项活动的资产分配。公共财产，比如住房、卡车和水泵等，可用于生产和消费的各种活动。例如，一个家庭可能拥有一辆卡车，用它将收获的作物运送到市场上，然后为牲畜购买饲料，可能会将孩子送往学校，最后还会在市场上购买消费品。同样地，一个家庭出于明确目的借来的借款，也许会被用在其他地方。不同活动中劳动力的利用也难以估量，诸如买衣服的活动也会产生这笔花费是用于生产还是消费这样的问题。在本书中，我们关注的是涵盖所有活动的合并账户。我们由此确定了总体收入、所有资产的收益率和总比例，暂不考虑具体活动的收益率和为特定活动的融资。

最后，我们认为，使用公司财务框架构建家庭财务报表的重要特征之一是把家庭企业应计收入衡量为生产得到的资产（扣除折旧），这一衡量标准与NIPA中对国民收入的定义一致。事实上，NIPA中私营企业的收入账户来自本章所阐释的工商企业的标准利润表。私营企业的储蓄投资账户是在企业利润表和现金流量表基础上构建的。因此，这些家庭财务报表可成为研究宏观经济总体的微观基础[1]。

---

① 有关国民收入和产品账户(NIPA)的详细方法,请见经济分析局(Bureau of Economic Anlysis) (1985, 2007)。

第二部分　家庭财务报表

第3章 家庭调查

第二部分介绍研究者如何从家庭调查中构建家庭财务报表。本章概述建立家庭财务报表所需的数据必须具备的特点。数据最好为高频的面板数据，例如，月度数据。数据必须全面。它们必须涵盖家庭多方面的活动，同时必须足够详细，使研究人员能够识别家庭的单项交易。这种类型的数据可以从综合的家庭面板问卷调查中获得。

本章第3.1节介绍家庭问卷调查与家庭金融研究的关系，利用详细高频的调查问卷来建立财务报表。我们在第3.2节讨论这种调查中涉及的需权衡之处。最后，第3.3节介绍了作为本书范例的汤森泰国月度调查的相关背景。

3.1 家庭调查和家庭金融

家庭问卷调查对研究人员来说十分重要，能为了解家庭行为、设计政府政策和评估政策提供基础。原则上，研究人员设计的问卷应该反映其研究目标。一般家庭调查分为两大类。第一类是限于某些具体问题的调查问卷。第二类是多专题或综合问卷调查，是涉及多个主题、包含一系列问题的问卷调查。综合调查的例子有世界银行的LSMS和家庭生活调查。

综合家庭调查通常包含家庭模块、社区模块和价格模块。家庭模块通常询问个人家庭信息，如人口（构成、生育和迁移）、教育、医疗、就业、生产活动和收入、消费、储蓄和融资（信贷和转移支付）。关于社区和价格的模块包括环境和地理观测（例如降雨量和温度）、机构（例如地方银行和学校），以及在社区内销售的投入品和产出品价格。关于社区和价格的信息可能来自二手资料（例如政府统计资料）、现场调查员的直接观察，或对社区的主要信息提供者（例如村长）的采访。

综合家庭调查收集广泛的信息资料，可用于研究各方面的家庭问题。我们主要研究家庭金融状况和行为。我们的主要问题包括财富和收入、生产力、流动性、风险、融资和消费以及投资组合管理。正如本书前面部分所说，我们需要通过对一系列详细问题的回答来构建家庭财务报表，这些回答通常从综合家庭调查中获得。此外，流动性和库存管理等几个财务问题对于家庭的短期状况来说至关重要。与研究目的相匹配的理想家庭调查应以较高频率进行，如月度。月度调查的资料为我们提供了构建月度家庭财务报表的必要数据，我们可利用这些数据进行家庭金融分析。

另一种关于家庭金融详细信息的高频数据收集的家庭调查是财务日记项目。财务日记项目最初由卢瑟福在 2002 年开展，历时一年，每两周将孟加拉国数十户家庭的资金流追踪记录下来。他的目标是收集关于穷人财务活动的资料。项目询问那些家庭的收入和支出，以及家庭成员如何救助和保护自己免受风险。随后，Ruthven（2002）对印度家庭的研究通过在项目中增加新功能来改进研究方法，即为每个家庭建立资产负债表，并在问卷中加入实物交易。然而，财务日记仍然是非结构化的访谈和开放式讨论。最近，Collins（2005）结合了封闭性和开放性问卷，使财务日记更加结构化。她在 2003—2005 年期间对南非大约 180 户家庭的研究是目前为止使用财务日记进行调查的最大规模数据。

财务日记项目从初步调查开始，记录了家庭在调查伊始的状况，然后再次收集自上次访问以来所发生活动的更多信息。与综合家庭调查不同，财务日记项目仅关注家庭的财务情况。调查问卷包括与家庭收入、支出、融资和储蓄有关的一系列交易。支出、融资和储蓄交易分为非常详细的层级，如床上用品、毛巾和毯子上的支出，或葬礼计划（殡葬保险）。但是，生产活动和收入方面的交易较为粗略，直接综合地询问农民的正常工资、营业收入、养殖业收入和种植业收入。关于家庭非财务方面信息的收集很少[①]。

3.2　调查设计中的权衡

高频率的详细问卷调查在其设计中有明显的权衡取舍。在本书中，我们重点关注设计调查问卷或使用家庭调查数据的研究人员通常关心的两方面问题：（1）调查问卷的详细程度；（2）采访频率。显然，问卷设计的适用性取决于研究目的。既然我们对家庭金融感兴趣，我们将在本节讨论这一目的固有的问题以及解决办法。值得注意的是，尽管抽样设计等内容与上述两问题均相关，但本书中不涉及问卷调查的这些方面。

3.2.1　详细程度

详细的问卷调查有几个优势。第一，询问一系列详细的问题，特别是关于交易方面，这有助于减少记忆错误问题。例如，一个家庭可能会忘记一些不涉及大量现金流或被认为没有密切关系的交易。这些小笔交易累加起来，可能会构成家庭预算的一个非常重要的部分。因为资产负债表反映了一段时间内的累计交易，反复访谈后，记忆错误问题会将分类账的资产方变得混淆不清。第二，收集不同层面的信息使得研究人员可以衡量不同问题的各种替代指标是否合适。例如，询问每个家庭的每种类型资产的详细信息，包括现金、金融机构存款、信贷协会（ROSCA）存款、给亲戚朋友的非正规贷款以及实物资产（财产和土地），为研究人员研究这些项目在家庭流动性、融资、投资和投资组合管理中的作用提供了机会。当然，如果调查仅询问总量的价值，这些研究便无法实现，比如总储蓄，或者我们可认为储蓄是由自身决定的。发展中国家和地区的实地调查人员和家庭成员的金融知识有限，因此询问详细的问题对于这些地区的调查尤其有

---

① "财务日记:持续日记问卷" http://www.financialdiaries.com,于 2008 年 11 月 20 日访问。

益。在这样的环境中，询问宽泛的综合性问题可能需要个人的主观解释。例如，实地调查员和家庭成员可能不了解收益和收入之间的差异，收益代表总销售额，收入代表净利润。当回答"你的资产的总价值是多少？"这一问题时，一些家庭可能会考虑到用于购买这些资产的总贷款额，而另一些家庭可能会考虑到净资产或这些资产的融资能力，即债务融资。对一系列更详细的问题的提问提供了自然的交叉检查，也有助于人们对原始问题的预期含义达成共识。

然而，详细的问卷也存在一些不足。尽管询问一系列详细的问题有助于减少记忆错误，但根据无数回答的总和计算综合值可能会引起学者对测量误差的担忧。此外，详细的问卷调查无论是对实地调查者还是家庭来说都需要更多时间，对研究人员来说会产生更高的货币成本，会给家庭带来更高的机会成本。以汤森泰国月度调查中一个事件为例，在月度问卷的最初设计中，如果家庭贷款了，调查员将填写贷款清单，将其列入名册，并在随后的几个月内跟踪调查。一个村庄的店主通常通过赊销方式销售货物，而不是现金，诸如此类，若要获得每笔贷款的信息，每个月要花两三天时间进行这部分采访。大概一年之后，我们决定，要限制贷款询问数量，只跟踪占比最大的三类贷款的贷款细节。

调查问卷越详细，样本量就越有可能受到限制。本书重点关注"汤森泰国月度调查"，这一调查涵盖泰国中部和东北地区的 16 个村庄，约 720 户家庭，集合了 4 个府，每个府涵盖 4 个村庄。另外，汤森泰国年度跟踪调查涵盖 64 个村庄，在最初的 4 个府的基础上，另外包括了 950 户家庭和更大的地理范围。这项调查进入北部和南部的其他府，现在也进入到了城市。尽管地域上的扩展十分有利，但密集的月度数据收集尚未扩大到其他领域。对 92 个村庄的 2 880 个家庭进行的相对大型的调查尚未被复制过，这就进一步说明详细程度与样本量之间的矛盾关系。但幸运的是，这些调查有重叠之处，大型的初始调查引起了年度再调查，而月度调查是在它基础上派生的。我们希望利用这些调查中问题的重叠和差异，更严格地评估我们在调查详细程度和频率上所做的权衡。

3.2.2 调查频率

高频率调查可以用来分析短期家庭行为，这些行为在年度甚至季度数据中往往无法观测。例如，短期流动性和库存管理十分重要，特别是对于农民家庭，其生产投入的现金流出和销售产出的现金流入发生在不同月份。一般来说，一个典型的水稻农民在一年的大部分时间里都是负收入，在收获时收入大幅增加。如何处理这类问题意义重大，尤其是面对人们通常认为的穷人在面临风险时更加脆弱这种情况。与此相关，分析移民和汇款这类的季节性行为也需要高频率的调查。通过调查可知，尚被认为居住在村里的年龄较大的孩子其实大部分时间是在农村外面居住的。因此，泰国的劳动力调查可能会高估农村人口数量。再者，高频调查可能有助于减少记忆错误。一些年度调查让家庭回忆在近期、短期（如七天或上个月）的交易，然后将回答推算到全年。虽然这个方法可以减少记忆错误，但是如果那个特定的周或月份的支出不是全年家庭的代表性消费，那么它就会受到测量误差的影响。例如，在汤森泰国月度调查中，可能是由于庆祝新年，大部分家庭在 12 月和 1 月的酒精饮料支出都很高。

即使如此，频率也是有限制的。汤森泰国月度调查原想每周收集一次消费支出数据。我们后来发现这样强度太大，于是改为两周一次的访谈。初步分析这一改变可知，频率降低的调查可能低估了花费支出。反过来，如我们之前所推测的（见第 7 章对改进设计的讨论），这可能会高估手中的现金。另外，de Mel，McKenzie 和 Woodruff（2009）随机向斯里兰卡的家庭提供了一本分类账簿，以便记录财务日记。根据他们的研究，记忆错误对期末净收入这一关键变量而言无关紧要。

从汤森泰国月度调查工作中，我们遇到了高频调查特有的另外两个问题。第一，虽然在村里设驻地调查员有经济成本，但是访问必须不断进行。这使得在构造离散时间面板时出现一些问题。有些家庭可能会在月初接受采访，而其他的家庭可能会在月底接受访问。在日历时间上，后者的调查访问实际在时间上更接近于前者在下个月初的访问。因此，具有共同时间虚拟变量的风险分担回归和其他回归将有些许偏差，也可能是伪回归。第二，即使是高频调查，每月一次的访问也错过了准确的种植时间，以及每月其他投入和作业的时间，所以我们无法研究关注变量与每日降雨量、温度和其他环境特征的联系。将使用每日降雨量和温度并结合农作物生产的生物物理模型与每月家庭数据联系起来仍然是一个挑战。

3.2.3　高频家庭调查与详细问卷调查

尽管高频数据和详细的问卷调查存在问题，这种调查在研究某些决策时仍具有很大价值。下面列出需要进行高频详细调查的情况。

首先，高频数据对于流动性分析、消费短期平滑化、保护投资免受现金流量波动影响以及融资造成的现金流量预算赤字必不可少。为了研究流动性，并将其与生产力分开，我们需要详细的资产负债表、利润表和现金流量表。我们如果每月为每个家庭构建这些账户，那么需要从详细的问卷中获取信息。这种高频数据和会计框架对于从事多期活动的家庭来说意义更大。例如，对于经商的家庭来说，在贸易信贷交易中，获得的投入和收入之间存在时间差。de Mel，McKenzie 和 Woodruff（2009）发现，报告的利润与收入减去费用的数值之间存在差异的主要原因是，在询问收入和费用时不考虑销售和购买相关投入之间的时间不匹配问题。他们的发现进一步提高了我们对高频数据的要求，并在分析涉及多期活动时仔细对待交易时间。

另外，发展中国家农村的金融市场可能并不完善，流动性约束问题可能至关重要，特别是当资产到期日与债务到期日不符时。一个家庭从长远的角度来看，可以经营一个营利的企业（即具有正的净现值和高的资产收益率），但没有流动资金时，企业就无法生存下去。例如，一个企业的大部分销售可能是长期的贸易信贷，无法产生足够的现金流入来偿还短期贷款。在这种情况下，高频数据有助于我们理解家庭的短期财务脆弱性和其他试图避免这种情况的行为。

与之相关，正如本书第 6 章所示，相对贫困家庭的固定投资对于投资所在月份的现金流十分敏感。如果我们观察前三个月或者六个月的现金流，这种敏感性会消失。这些结果表明，如果我们以季度或半年的频率收集数据，我们就不会发现这些家庭受到流动性约束。由此我们认为，可以通过利润表，以实际的资产回报来控制投资的未来营利能力。

　　详细的问卷调查表可以区分应计净收入和用于生产的现金流。从我们样本中的两个案例来看（第5章），一个家庭的消费似乎是与现金相对应的，另一个家庭的消费则与应计净收入相对应。虽然我们尚未明白这些行为产生的原因，但这一发现表明，现金流与净收入之间的差异对家庭有重要影响，并在持久收入假说和风险分担的分析中出现。建立可以区分家庭资产和家庭财富的家庭资产负债表也需要详细的问卷调查。详细的问卷调查区分了家庭资产收益率和家庭净资产收益率（权益）。值得注意的是，这些信息可以通过一系列关于家庭交易的简单问题来收集，不要求现场调查员和家庭成员拥有财务会计知识。

　　再者，基于交易的调查问卷使我们能够使用详细的子项目来构建详细的资产负债表和现金流量表。例如，各种金融和实物资产具有不同的流动性，因此它们之间的区别十分重要。这些资产也具有不同的收益率，面临不同的风险。我们研究发展中国家家庭如何在正规金融市场参与不足的条件下进行存款和投资，也需要详细的资产负债表和现金流量表。我们目前正以现代金融理论的视角来了解它们的投资组合选择。

　　最后，研究居民消费活动，生产活动（投入、库存和产出），各种实物和金融资产以及这些家庭的相关人口特征等数据，与研究发展中国家在市场不完善下的消费和生产决策密不可分。Singh，Squire和Strauss（1986）强调并深入讨论了这一问题，他们呼吁将家庭预算调查与同一家庭的农场管理调查整合或协调起来。

3.3　汤森泰国月度调查

　　由于我们将使用"汤森泰国月度调查"来说明如何从家庭调查中构建家庭财务报表，因而本节将概述汤森泰国项目的总体情况，特别是汤森泰国月度调查。该项目的详细描述可见Paulson，Sakuntasathien，Lee和Binford（1997）的文章。需要重点关注的是，虽然这一调查是为了收集家庭的大部分详细的财务信息，但调查表在初始设计时并没有考虑财务会计框架。我们将在第7章讨论为建立家庭财务报表而改善的调查设计。

3.3.1　汤森泰国项目背景

　　汤森泰国项目是在Khun Sombat Sakuntasathien和敬业的工作人员指导下在泰国开展的。该项目由美国民意研究中心（NORC）和芝加哥大学管理。调查设计和初步研究合作者包括西北大学的安娜·保尔森，延世大学的李泰征和佛罗里达大学的迈克尔·宾福德。该项目在泰国逐步推动发展，目前由4个区域办事处组成，总部设在佛统府。在泰国约有70名全职人员。"月度调查"的当前资金包括来自泰国商会大学（UTCC）的大力支持。来自美国的研究支持包括约翰·坦普顿基金会，比尔和梅琳达·盖茨基金会，以及设在麻省理工学院和芝加哥大学的研究和基础设施。30多名研究者使用该调查数据进行研究。罗伯特·汤森是项目总负责人和首席调查员。

　　初期项目是由国家儿童健康与人类发展研究所（NICHD）和美国国家科学基金会（NSF）资助，目的是评估在泰国的城乡接合区尤其是农村地区，家庭和地方社会网络等非正式机构在提高福利和改善个人健康方面的作用。家庭和企业特定冲击带来的风险、潜在不利影响和直接后果是项目的关键部分。家庭和社会经济网络在调动储蓄和分配信贷方面的调节作用也被认为是至关重要的。这些网络不是孤立存在的,而是较大的村庄、区域和国家金融体系的一部分。因此,该项目包括了对生产信贷组织(PCG)、柬埔寨稻米银行以及商业银行和泰国农业银行和农业合作社(BAAC)等国家级金融机构的评估。事实上,该项目有微观和宏观两个方面。它旨在评估非正规和正规的金融机构和市场,建立并评估增长、波动和危机的宏观经济模型。

我们在1997年5月进行了一项初步的较为大型的横截面调查,旨在了解正规、非正规的金融体制和机构的存在和使用情况,以便评估在金融深化日益不平等和不均衡条件下的高增长的影响,并建立相应模型。简而言之,由于所选地区差距很大,这次初步调查在全国两个不同的地区进行:工业化和土壤肥沃的中部地区,半干旱和相对贫穷的东北部地区。这项调查分别使用多项单独的调查问卷,包括家庭模块、村长(作为主要信息提供者)模块、地方金融机构和联合责任的BAAC团体调查模块。约23%的受访户同时经营某种生意。调查还包括对当地村庄环境的直接测量。我们采集了土壤样品,收集了单独的土壤调查表、单独的土壤问卷和现场照片。最后,我们还收集了每个样本村回溯30年的航拍照片。

1997年7月泰铢(THB)的贬值以及意想不到的亚洲金融危机使我们认识到,以1997年5月初步的调查为基准,该项目能够跟踪调查危机对家庭和企业的影响,并了解变化中的微观基础对宏观变量的作用。根据这个思路,我们进行了年度跟踪调查。简单来说,1998年5月,在福特基金会的资金支持下,我们重新调查了1/3的原始村庄样本。NICHD和NSF的额外经费资助使这些调查能持续进行。与初步调查一起,这些调查构成了十多年的家庭和商业模块。除了家庭调查外,我们还对村长和乡村机构进行了持续调查,并在2000年增加了对BAAC团体的跟踪调查。初步调查和年度调查现已扩大到北部和南部地区的额外4个府,以及包括最初调查的中部和东北部4个府在内的所有这些府的城镇。

3.3.2 汤森泰国月度调查

根据初步的项目设计,我们从原始抽样的少部分村庄开始,在1998年8月开展了高频的月度调查。抽样设计控制了环境因素,并特别关注了非正式关系网络、当地村级机构和国家级机构利用的差异变化。目标是为家庭网络、市场和机构提供微观层面的评估。这个家庭调查包括:(1)初步人口普查;(2)样本家庭初始状况下的基准采访;(3)收集关于使用正规和非正规机构信息的调查;(4)每月访谈以跟踪情况的变化。环境数据的收集工作得益于梅隆基金会和芝加哥大学的资金资助,包括土壤分析、土地照片、每日降雨量、土壤水分、水的化学反应和其他每两周一次的水质测量。在我们撰写本书时,这类数据收集工作仍在进行中。

在泰国中部和东北地区共有16个村庄,分别位于4个初始府,每个府有4个村庄。中部是北柳府和华富里府,东北部是武里南府和四色菊府。具体来说,每个府的一个区是从1997年初期横截面的12种可能性中选出来的。各府选定的区域在收集到的4个村庄的环境变量中的变化相对较小,但观测到的经济制度变量差异相对较大:包括非正式网络、当地村级机构和国家级机构的利用。这一选择与总体项目的主要目标是一致的：对家庭网络、市场和正规的信贷和保险机构进行微观评估。1997年初，我们已经在各府所选地区进行了调查，4个村庄的15户农户之前已经接受了采访，也收集了土壤样本。由于增加了30户家庭，每个村庄的抽样家庭总数达到45户。因此，总体目标是720户。

这项月度调查始于全村普查。调查登记了每个住宅和每个家庭，并在每个住宅里选择一个人来采访，以得知在那个房屋中睡觉或吃饭的人员信息。由此，16个村庄中的每个村庄的所有个人、家庭和住宅可以在随后的每月调查回答中确定。

该调查本身始于1998年8月，对样本家庭的初始条件进行了基准采访。根据这些答案我们创建了各种调查表，例如收集关于正规和非正式机构使用的具体信息的调查。调查表列举在随后的每月访谈中要追踪的项目，例如家庭成员、贷款和资产。每月的访谈追踪投入、产出和条件变化。家庭的活动可能会改变，因而偶尔会使用新的调查表。

最初收集的环境数据是由梅隆基金会和芝加哥大学提供的研究经费资助的，这现在是项目的标准成本组成部分。每个村庄有1个雨量计、20个土壤水分/压力计。此外，前12个月的调查还包括水化学成分分析。其他水测量仍在继续。我们收集了每户家庭的土壤样本和土地照片，以及土地问卷调查表。因此，环境测量包括土壤分析、土地照片、每日降雨量、土壤水分、水化学和其他每两周一次的水质检测。

3.3.3 汤森泰国月度调查与其他调查的比较

汤森泰国月度调查与其他家庭调查具有相似的特征。类似于世界银行的LSMS，汤森泰国月度调查包括多个模块，收集人口、劳动和就业的家庭信息，生产活动（种植、牲畜、鱼虾、企业、劳动力供给和其他创收活动），固定资产，储蓄和融资（存款、贷款、借款和礼品），消费和健康状况。汤森调查还收集关于环境测量的信息。但调查并不直接在单独的模块中收集村里投入和产出的交易价格信息，而是在家庭发生任何交易时，调查员会询问数量（例如多少千克）和货币价值（以泰铢计），从而计算产品的平均价格。汤森泰国月度调查和LSMS之间的主要区别是重复调查的频率。如Grosh和Glewwe（2000）所指出的，在LSMS调查的32个国家中，只有17个做过重复调查，而且重复调查没有高频率进行。汤森泰国月度调查包括自1998年9月以来进行的每月重复调查，并在撰写本书时持续进行。

汤森泰国月度调查也与财务日记项目具有相似性。两者都是面板性质的调查，以高频率收集家庭信息，"汤森泰国月度调查"是月度的，"财务日记计划"每两周一次。然而，财务日记项目着重收集的是家庭金融交易情况，较少收集关于生产活动以及家庭其他方面的资料。因此，财务日记提供了建立家庭资产负债表和现金流量表的充分信息。但是，财务日记无法提供建立涵盖多期生产活动、库存管理或贸易信贷的家庭利润表的足够信息。总而言之，财务日记虽然可以满足研究者研究家庭金融状况和资金流动的目的，但并不能提供其他与家庭金融相关的信息，例如家庭企业的生产活动，而这些信息不但与广泛深入了解家庭金融息息相关而且对其至关重要。

第4章 以家庭调查为基础建立家庭财务报表

本书第2章阐述了可以将家庭视作公司进行分析。我们也介绍了标准的公司财务报表，并讨论了创建和使用财务报表来分析家庭的财务状况和行为的优势。然而，家庭具备有别于企业的特点。研究家庭行为和研究企业行为的目标也不尽相同。某些交易对发展中国家的家庭来说也是特有的。因此，我们需要对财务报表进行一些修改。本章重点介绍了需要特别关注的一些重要问题。

如前所述，本书的主要贡献是财务报表的概念化。我们这样做是为了避免模糊和误测的变量对后续分析造成不利影响。这就需要对如何处理一些不寻常的交易进行主观设定。当我们从几种可能性中做出主观设定时，我们将讨论倾向于所选方法的原因。我们使用第3章介绍的"汤森泰国月度调查"作为示例调查来讨论这些问题，但是本章的论述也适用于发展中国家的其他家庭调查。

4.1 有形资产、负债和财富

为了构建每个家庭的资产负债表，我们需要关于有形资产和负债的信息。正如Stickney和Weil（2002）指出的，公司财务报表从未清晰界定过有形资产和无形资产之间的区别。通常，会计师通过提供详尽的列表来定义无形资产，而不在列表中的其他所有项目则被当作有形资产。本书明确地将有形资产定义为实物和金融资产，无形资产是教育和健康等人力资本以及其他不具体的资产。

许多家庭调查从基准调查中获取初始资产信息。例如，"汤森泰国月度调查"问卷询问家庭是否拥有某些类型的资产，如电视、摩托车、汽车、拖拉机、喷水器、水泵、鸡舍、建筑物等贵重物资。家庭要提供每个资产购买的时间和购买时的价格，然后可以使用折旧公式获取现值。例外的是土地和鱼塘，在汤森泰国月度调查中，两者被设定不会贬值。LSMS通过询问受访者在被采访时出售资产所获得的资金数额来进行衡量。金融资产，如金融机构存款和借给其他家庭的钱，通常将所有或应付的金额作为面值，区分本金与利息。汤森泰国基准调查问卷中也有关于作物库存和业务清单的问题。但问卷设计未询问初始现金持有或珠宝以及黄金的价值，因为这会过于侵犯隐私，并可能导致受访者拒绝参与调查。此外，家庭在初始基准调查中要列举负债的本金和利息。

初始基准调查中资产负债的差额是家庭初始财富。我们将初始财富视为公司财务报表中相当于投资的资本。虽然我们在初始基准调查之前无法得知资本的来源（流入的礼品或者净储蓄），但是定期重复调查可以帮助区分不同来源。家庭储蓄时净收入和消费之间的差额，可以增加家庭财富，如同增加公司的股本的留存收益。同样地，赤字会减少家庭财富。

就面板数据来说，调查员回到受访家庭，收集自上次调查结束以来各种家庭财务项目的最新信息。汤森泰国月度调查询问家庭的资产获取（例如购置、获赠的礼品、牲畜的出生）和资产处置（例如出售、损失、资产出让以及牲畜的死亡）。调查还询问每项资产交易的价值，跟踪存款和取款的信息，询问库存变化的有关问题。研究者计算自上次调查以来的新借款和以前持有的债务的还款。如果调查问卷将实物与现金交易区分开来，那么研究者可以估计现金持有量的变化。我们如果对初始余额进行主观推测，就可以在每月的资产负债表中输入持有的现金数额。

按照公司财务会计惯例，金融资产和负债以现金净值出现在资产负债表中。非货币性资产如土地、建筑物和设备作为采购成本出现。然后，我们将土地以外的非货币资产向下调整，以反映折旧（见第4.8节）。土地的收购价值可能低估了当前家庭总资产的价值。但在汤森泰国月度调查中，这个问题影响较小，因为如果土地的价值有较大变动，比如在附近修建了新的道路或有其他土地改良工程（例如挖池塘），调查会更新土地的价值。我们认为，与估算每个月的土地现值相比，本书中提出的方法受到测量误差的影响更小。主要原因是土地市场不完善，无法获得土地现值，或所得现值不准确。这也是标准公司财务会计采用收购价值而不是评估土地现值的原因[①]。

4.2 人力资本和其他无形资产

标准公司财务报表中的资产负债表不包括专利、商标和商誉等无形资产，因为它们难以量化和估价。对于家庭而言，人力资本等无形资产具有重大意义。人力资本作为资产可能产生一大部分家庭收入。家庭规模和性别构成不同，家庭成员也有不同的受教育程度、工作经验、技能和健康状况。

可惜的是，据我们所知，没有合理的方法可以直接确定人力资本存量的价值。许多关于人力资本的研究使用人数、教育和经验的综合指标代表工人人力资本存量[②]。其他

---

① 事实上,我们确实也向调查中的家庭询问对土地价值的估计。但是,除非土地有实质性的变化,否则估计值并没有太大变化,这一点我们已经预见到。这与农村土地市场不流动、不能得到当前市场价格的现状是一致的。

② 例如,Barro(2001),Barro 和 Lee(2001)在跨国增长模型中把教育程度作为人力资本的代表。 Moretti(2004)使用受过教育的工人和未受过教育的工人的数量作为一个城市人力资本存量的代理变量。

研究侧重于用工资或收入衡量人力资本服务的流动[①]。估计人力资本和其他无形资产存货的货币价值的最确切方法是世界银行（2006）采用的间接方法，该方法将一个国家的人力资本和其他无形资产的价值定义为国家总财富除去生产资本和自然资本以外剩余的财富。总财富按未来消费的现值计算；生产成本根据永久库存模型计算，自然成本来自国家级自然资源库存数据和自然资源租金估算值，并考虑到世界价格和当地成本。这种方法能够估计总财富的价值，但它受到未来消费和折现率的具体假设的约束，存在潜在测量误差。此外，这种做法并没有考虑到除通过财富或债务来进行资本投资外，也可以通过债务来融资。

由于没有可靠的方法估算无形资产的价值，本书遵循公司财务会计的惯例，不把人力资本纳入资产负债表。虽然它并不理想，但我们认为，这种方法比将人力资本量化为货币价值，计算进其他资产的方法具有更小的测量误差。任何替代方案都取决于具体的推测资本的统计、计量经济或结构的模型。

遗漏无形资产是经济和金融的一个重大问题，我们的做法并不是特例。公司报表中也存在同样的问题，往往报表没有将机构资产、创新和商誉这些项目包含在内。我们的财务报表没有在资产负债表中体现人力资本的价值，这造成了收益率估计偏差，但本书使用的方法有助于确定偏差的方向和来源。当解释一些分析结果时，我们会将人力资本的遗漏考虑进去。

举例来看，本书第5章将总资产的正常收益率计算为净收入与总资产之间的比率。我们知道将人力资本从资产负债表中的总资产中排除，而在利润表中记录工资收入会导致总体有形资产收益率过高。但在很多情况下，我们重点关注有形（固定和金融）资产的整体收益率或某一特定家庭的固定资产收益率，比如研究家庭投资或家庭企业设立。我们利用调查表中的其他信息，通过减去非实际发生的机会成本和家庭成员在外面劳动力市场可能获得的工资来估算投资有形资产的回报。此外，我们会在本书的第5章中更详细地讨论调整后的收益率。

4.3　礼品和转移支付

家庭收到的礼品和转移支付是特别交易，它们使家庭财富增加，而不与生产过程直接相关。也就是说，礼品并不是生产活动产生的净收入的一部分。本节首先讨论对这类交易的一般处理，然后讨论值得进一步关注的与两种特殊类型的礼品和家庭转移支付有

[①]　例如，Abowd, Haltiwanger, Jarmin, Lane, Lengermann, McCue, McKinney和Sandusky（2005）提出了一种实证方法，将劳动力数据纳入到估算人力资本在企业生产中的贡献的计算中。他们将工资回归中的人力资本定义为在回归分析的实证部分每个工人的具体固定效应和整体劳动力市场经验的总和，然后可以考虑每个企业劳动力的生产力组成部分，这是随着时间的推移与工人-企业匹配发展的一种措施。相关地，Cunha和Heckman（2008）近期的研究考虑到了一系列不可观测的技能，这是一类随时间和状态变化的矢量，但这些都是通过分析与模型结合在一起的可测量变量（如工资）衍生出来的对人力资本和技能的度量。在最佳情况下，考试成绩是技能的指标，但潜在的人力资本变量不可直接度量，只能通过推测得知。这些方法也适用于泰国的数据。

关的问题，即汇款和政府转移支付。

4.3.1 礼品和转移支付的一般处理

在公司财务会计中，公司收到的捐款以股本权益单独录入在捐赠资本下[①]。它们不影响企业生产活动的利润或损失，因此不予列入企业利润表。NIPA 对礼品和转移支付的处理方法则不同。虽然礼品与生产无关，不包括在国家产品计算中，但它们在 NIPA 的个人收入和支出账户中是家庭个人收入的一部分。

本书遵循公司财务报表的指导原则，不将礼品和转账作为收入处理，原因有两个：首先，我们只对家庭企业的生产力感兴趣，则仅需使用生产活动产生的净利润。其次，发展中国家通常会将礼品视为融资机制，则礼品和转移支付需被视作融资现金流入。用 NIPA 的术语来说，家庭的应计净收入应被视为与国家净生产（NNP）相似的家庭生产活动增值（扣除折旧），而不是个人收入。

具体来说，当家庭以现金形式收到礼品时，我们在现金流量表中将它记录为现金流入交易。同时，家庭现金持有量增加相同数目，所以我们把这个礼品的价值加到资产负债表资产方的现金持有中。与简单的借款不同，礼品不是家庭的债务。此外，如上所述，礼品不是家庭生产收入的一部分，所以它不是家庭储蓄的一部分。相反，我们在家庭财富下创建一个名为累积净礼品的单项。收到的任何赠予都将添加到资产负债表的该科目中。最后，资产方的现金持有量相对于上一期间的增加与负债和财富（权益）一方的家庭财富增加相同。作为融资现金流入，这一现金增加也与现金流量报表中的变动相同。给予他人的现金在现金流量表中作为现金流出计算，也从资产负债表中的现金持有量和累计净额中扣除。再次注意，这笔交易绝对不进入利润表。

收到礼品被视为财富的增加，等同于公司资本化活动中向股东发行的新股权。新股东对公司（增加的）资产拥有相应权利。同样，非利他礼品提供者自然也期待礼尚往来，也对家庭资产有隐含的索取权。礼品提供者的索取权可能小于债权人和家庭成员的索取权。他们不具备法律赋予的身份和资格[②]。

本书在家庭的现金流量表（在融资活动中）中单独列出礼品项和转账数额，因此可直接从累计净收入和收到的净礼品计算家庭个人收入。家庭财富的增加有两个来源：收到礼品和家庭储蓄。这里再次申明，在我们的研究里，家庭储蓄被定义为应计净收入减去家庭消费。因此，我们对家庭储蓄的定义略微不同于 NIPA 对家庭储蓄的定义，即个人收入减去消费。但储蓄与公司财务报表中的留存收益一致，我们将股东对于留存收益的权益与对于源于捐赠或转移支付增加的权益区分看待。

---

① "捐赠资本"一词区别于投入资本的捐助。礼品或捐赠涉及流入企业但不发行股份或其他所有者权益的资产。虽然我们将投入资本定义为家庭的初始财富，而不区分初始财富是来自过去的家庭储蓄还是以前收到的礼品，家庭随后收到的礼品记录在单独的会计项目中，为收到的累积净礼品。正如我们在本节稍后讨论的，向家庭提供礼品的人可能会索取家庭财产，尽管这些要求是隐性的。

② 事实上，家庭可能自愿回赠礼品以期望将来会收到更多的礼品，或者家庭可能迫于社会规范不得不回赠。

4.3.2　汇款

汇款是居住在远处，不与家庭同住相同房屋的个人给予家庭的资源。根据调查中对家庭的定义，该人可能是移民，不被视为家庭成员，即使该人可能是家庭亲属。汤森泰国调查中，这类人主要包括在曼谷或其他府生活和工作的家庭户主的孩子，他们偶尔会汇款给居住在村里的父母。因此，我们必须将这笔汇款视为礼品，不纳入家庭利润表。它们同时记录为收到的累积净礼品和资产负债表中资产的增加，以及现金流量表中融资类别下的现金流入。

一些家庭调查可能会试图追踪已经搬出家庭房屋，不再共同居住的个人，如在加纳和泰米尔纳德邦开展的耶鲁经济增长中心调查。在这种情况下，我们可以改变对家庭的定义，认为家庭包括远距离居住并寄钱回家的成员，他们共享资源并且参与某些家庭集体决策。而这类汇款将被视为家庭劳动收入的一部分[①]。将汇款作为礼品还是劳动收入看待取决于调查中对家庭的定义。

4.3.3　政府转移支付

发展中国家的家庭有时会得到政府转移支付。这些转移支付可能是现金或实物（如免费种子、化肥或其他投入）。政府拨款也包括教育奖学金或医药。由于这些转移支付不是对家庭产出的补偿，我们对待它们与其他礼品相同。同样，这些转账并没有纳入家庭利润表，而被记录为收到的累积净礼品数量的增加以及资产负债表中家庭资产的增加，以及现金流量表中融资类别下的现金流入。

但是也有例外。与国民收入账户概念一致，我们对家庭成员的退休收入采用与家庭劳动收入同样的处理方式。将家庭视为公司时，对过去提供服务的收款应视为业务收入，比如调查将其他劳动收入视为劳务报酬，计入利润表的劳动收入[②]。在资产负债表中，退休收入被记录为资产增加和累积储蓄，而在现金流量表中，它是来自生产的现金流入。

4.4　存货和多期生产

发展中国家的许多家庭从事跨越多期的农业和非农业生产活动。这些活动包括库存存储和多期生产。本节就每种情况进行讨论。

4.4.1　库存

我们需要对库存的处理进行详细讨论。原则上，如果库存增加是经营的固有部分，则我们将其作为与生产相关的现金流出，记录在现金流量表中；或者可以将库存积累视为固定资产的收购，在投资账户中记为流出。最后，我们可将库存看作与金融资产类似的融资渠道。一个家庭可以在境况好时购买和储存库存，并在困难时期用它为消费支出提供资金。但实际上我们很难区分库存增加中的哪部分是生产活动（如种植）的原材

---

① 类似于 NIPA 将在国外工作的公民汇款记录为国民收入。

② 或可将其单独记录为转移或（负）税。

料，哪部分是类似于用作生产机器的固定资产，哪部分被保留作为家庭的缓冲库存，即作为流动资产。

对于将库存作为营运资本的家庭（例如，零售业或者有在产品库存的农户），库存变化在某种程度上是外生的，由产品周期、供应条件或市场需求决定。此时库存的最终销售应被视为收入。对于策略性持有库存的家庭（例如，在库存中留存作物待价出售的农户），库存销售也应被视为创收活动，因为存储提供风险承担服务。

当家庭将库存作为缓冲库存，即像金融储蓄一样，我们应该将库存视为赤字融资手段，这是融资而非生产的交易。但这些区别难以划分。在建立账户时本调查将库存变动与生产现金流量联系起来，并将资产收益或亏损作为存货活动的收入或成本进行处理。这个假设意味着净收益已经包括在收入中，库存变化不会显示为平滑手段，不是缓冲库存。因此，应更加谨慎地理解现金流量赤字平滑的结果。幸运的是，研究者可以借助会计框架，重新调整处理库存的方式。例如，如果样本大多是以库存为缓冲存量的自给自足的家庭，则研究者可以选择将现金流量表中的变动纳入融资而不是生产中，库存便成为平滑的手段。会计框架有助于我们以精确而又操作灵活的方式系统地组织库存交易①。

对于非缓冲库存家庭，有时候仍无法清晰界定库存和固定资产。在标准财务会计中，库存这一术语是指公司拥有并持有作为其业务运营的一部分以期进行销售或进一步处理的货物或其他物品的储存。销售公司获得库存物品并准备出售，制造公司将原材料转换为成品后，通常在其工厂内储存一段时间。Stickney和Weil（2002）指出，工具对于工具制造商或硬件商店来说是库存，但是对于将其用作生产工具（资产）的木匠来说不算是库存。在本书的财务报表中，我们采用这一标准区分库存和固定资产。我们在库存中包括以下项目：种植投入库存（如化肥）、种植在产品库存（如尚未收获的作物）、种植成品库存（如收获的米粒）、牲畜投入库存（如动物饲料）、牲畜在产品库存、牲畜成品库存（如鸡蛋）、鱼类投入库存、鱼类在产品库存、鱼类成品库存、商业投入库存（如裁缝用的布）、商业在产品库存（如木匠未完成的家具）、商业成品库存（如陶器和本地酒）和转售商品（零售店）。这些库存是业务经营资金和日常营业的一部分，因此不被视为固定资产。

4.4.2 多期生产：种植业、畜牧业和非零售业务活动

LSMS和其他综合家庭调查不直接在单个模块中衡量净收入，而是在一系列活动模块——种植、水产养殖（鱼和虾）、畜牧活动、个人或家庭企业以及劳务中收集收入和成本的信息。考虑到采购、使用、收获和销售库存的时间差异，汤森泰国月度调查首先询问上次采访以来新增的投入（价值和数量），然后询问实际使用到土地上的投入（价

---

① NIPA的库存也有一个相关的问题。NIPA里的投资由三个主要部分组成：商用固定资产投资、房地产投资和库存投资。也就是说，库存被视为一种资产，这种变化被视为投资。通常，库存对应的是已生产（已增值）尚未被购买的产品，因此我们有这样的恒等式 $Y=C+I+G+(X-M)$。Y 是总产出，公式右边是总需求或支出。如果产出大于支出，则未售出的货物按库存量增加记录，这是总投资的一部分。

值和数量）。同样地，调查还询问自上次采访以来的产出（价值和数量），以及销售、家庭消费、礼品和储存（价值和数量），由此构建库存账户。

时间问题会影响购买和使用的投入以及生产和销售的产出，关系到应计收入与生产现金流量之间的区别。举例来看，假设一个家庭在第一期以100美元现金购买了水稻种子，但尚未种植。在资产负债表上，家庭持有现金将减少100美元，而输入库存将增加相同数额。家庭总资产或财富没有变化。在现金流量表中，我们将这100美元流出交易记录在库存增加。由于家庭还没有出售产品，种子费用还未被视为生产成本，因此该交易不影响利润表。

在第二期，家庭种植了上一期的种子。在资产负债表上，投入库存减少了100美元，而在产品库存增加了相同数额。总资产或家庭财富没有变化。此交易既不影响应计收入也不影响现金流。注意，尽管投入已经在生产中被使用，但是在应计收入概念下，它仍然不被视为生产费用。

在第三期，家庭花20美元购买化肥并将其用于水稻种植。在资产负债表上，持有现金减少20美元，而在产品库存的价值增加相同数额。这20美元的流出确实作为库存的增加项目出现在现金流量表中。请注意，在产品库存的总价值现为120美元（100+20）。依然还没有录入利润表中。

在第四期，家庭收获作物，获得500千克大米。家庭将这些大米放在储存设施中。在标准的公司账户的资产负债表中，产品库存减少120美元，成品库存增加相同数额。这既不影响标准财务报表里的利润表，也不影响现金流量表。产品仍未出售，活动仍在进行中。但我们决定采用一种替代方法，将收获的总产量视为现金销售，并减去当时的在产品库存[①]。对于产出但实际上尚未销售的部分，我们将它看作如同家庭用现金以市场价格回购的产品，并将其添加到成品库存中。这种方法有三个优点。首先，我们可以跟踪每个农作物的投入和产出。其次，这种做法下的成品库存的价值更接近目前的市场价值，因为它是收获时的即时价值。最后，如前所述，我们可以将生产活动本身的净利润与库存的资本收益区分开来。也就是说，我们将库存定义为另一种生产活动，与作物种植分开。我们处理作物存储活动的方式也与零售商店的转售库存一致。

我们作进一步说明，假设收获时（第四期）大米的市场价格是每千克1美元，并且所有收获的大米实际上都被出售了，那么收入为500美元，净收入为380美元（500-120）。在现金流量表中，这380美元净收入记为现金流入。产品库存减少了120美元，也记为现金流入。两项流入均为现金流量表中的生产活动。总体上，现金流量表显示现金增加500美元（380+120），这正是家庭从市场上销售500千克大米的收入。

但如果家庭只卖400千克的大米，剩余的100千克作为库存，就好比家庭用现金（在出售500千克到市场之后）从市场上回购了100千克的大米放入库存。成品库存增加100美元，并在现金流量表中作为现金流出记录。总而言之，在此期间，家庭资产负债

---

① 在传统企业财会中，如果产品存在竞争性市场，则允许这种做法。

表记录：（1）在产品库存减少120美元；（2）现金增加400美元（500-100）；（3）成品库存增加100美元。这些导致总资产额增加380美元（-120+400+100）。这一增长完全相当于净收入中用作储蓄的家庭财富的增加，记录在利润表中的是：（1）500美元收入；（2）120美元费用。最后，现金流量表显示：（1）现金流入为120美元的在产品库存；（2）现金流入为380美元的净收入；（3）现金流出为100美元的成品库存。因此，净现金流入为400美元（120+380-100），与上述资产负债表中记录的现金增加相同。

第五期，家庭消费20千克大米，剩余80千克销往市场。假设销售以现金的形式进行，大米的市场价格上涨到每千克1.50美元。在利润表中，收入为150美元（（20+80）×1.50），出售产品的成本为100美元（（20+80）×1），同时没有其他生产成本[①]。注意，成本是按每千克1美元的价格计算的，这是收获作物时候的价格，或储存时候的投入成本。家庭的净收入为50美元（150-100）。请注意，这一收入来自作物储存活动，而不是在第四季度收获并被记录的作物种植的净收入。同时，30美元（20×1.50）的消费记录为现金流出。资产负债表中的资产方显示现金增加了120美元（80×1.50），成品库存减少了100美元；因此，家庭总资产增加了20美元。这与资产负债表另一方的源于储蓄的家庭财富增加相一致，即家庭的净收入超过消费20美元（50-30）。

4.4.3 多期生产：商品零售业务

对于非农业、商品零售业家庭而言，在当地经营便利商店，即便有可能跟踪商品存货的买入交易和卖出交易，但仍然十分困难，主要是因为库存的多样性和每日（每月）产生的交易数目过大。如果我们采用上述基于交易的问卷，可能会加大测量误差。De Mel，McKenzie和Wood ruff（2009）认为应询问营业额和销售成本的平均加价，以调整时间不匹配。我们可利用这些数据计算采购和销售之间的收益和损失。在汤森泰国月度调查中，我们也采用这种方法计算家庭非农业经营的收益。不同之处在于，汤森泰国月度调查并没有直接询问销售成本的平均加价。我们计算过去三个月的销售收入总额，除以同期投入库存的总成本。该计算隐含地假设货物作为库存的平均天数少于三个月[②]。

本书主张对非农业零售业务采用成本加价标准衡量，而不是详细问卷调查，但正如第4.4.2节所述，详细问卷调查对于涉及相对同质的库存或易于跟踪的库存活动（如作物和牲畜）仍十分有用。

4.5 一项生产活动的产出作为其他活动的投入

一个家庭通常从事许多生产活动。许多家庭使用一个生产活动的产出作为其他生产活动的投入。我们把这个交易视为家庭出售市场上一项生产活动的产出后，将以同样的价值回购相同的商品作为其他生产活动的投入。例如，一个家庭可能养鸡，并用这些鸡

---

① 这里出售产品的成本是成品库存成本，每千克1美元。如第4.6节所述，我们将家庭库存消费视为家庭产品的消费，在这种情况下，生产技术就是存储技术。

② 汤森泰国月度调查没有明确提出家庭零售销售成本的加价。汤森泰国月度调查可以提高的地方之一就是要更好地了解零售销售成本的加价，具体在第7章进行说明。

下的蛋作为在餐厅销售食物的投入。如果第二次活动的净收入在同一时期实现，则家庭净利润和来自生产的总现金流都没有变化，因为来自一项生产活动的收入完全被另一项活动的成本所抵消。

第二项活动的净收入可能不在同一时期实现。例如，家庭可以在农作物生产中使用牲畜粪便作为肥料。对于利润表来说，这一影响不容忽视。我们的处理方式就是视为家庭已经出售粪便，在本期利润表中记录交易，直到农作物收获期时才在利润表中记录肥料采购。由于这些家庭交易中没有现金，所以现金流量总体上没有变化，从技术层面来说，二者都出现在现金流量表中，但牲畜粪便带来的现金流入被家庭存货增加所带来的现金流出所抵消。最后，在资产负债表中，这笔交易同时记录为家庭累积储蓄（无消费收入）的增加以及在产品库存的增加。

4.6 家庭自产消费和其他消费支出

现实中，很多农户食用在自己土地上种出的粮食和在自己农场里养的牲畜。在较小的规模下，家庭通常在后院种植蔬菜。如前所述，在家庭财务报表中，对家庭产出的消费记录成消费，也记录成生产活动，就好像家庭生产并销售了产品，然后回购并消费。因此，产出和自用的产品被视为收入和消费。家庭捕捞并食用鱼，收集和使用香料草药，并收集木材做成木炭，所有这些都作为其他生产活动的收入以及（食品或非食品）消费。

家庭可能大量购买商品（如大米）作为库存，在一段时间里慢慢消费。如前文所述，我们将存储视为另一类型的多期生产，虽然在这种情况下，储存的是购买的商品。当一个家庭从库存中消费物品时，我们将交易视为在市场上出售物品同时作为消费品回购，将交易记录在利润中。如果消费时的商品价值与购买时的价值相同，则净利润（从存货中来）为零。如果价值不同，差额将反映为资本利得或损失。请注意，购买商品并将其放在上个月的库存中被视为现金流出，这反映在当月购买的库存增加。然而，消费库存不会影响消费月份的生产总现金流量。这是因为净利润（来自资本收益和亏损）、库存减少和家庭（库存）物品的消费完全抵消。

许多消费品不需要特殊处理。许多物品一个月内的购买量与使用量相等。这些费用的例子是购买易腐物品和水电杂费。理想状况下，消费条目中要区分价值和数量，以便计算价格。根据调查问卷，我们可以分别询问每个条目的有关问题，精细分类。这种精细分类使我们能够把食品与非食品分开，把服装之类的耐用品与非耐用品分开①。

汽油费、电费和其他杂费账单容易被当作支出记录，但这也产生了一些明显的问题。它们可以被当作家庭生活的消费支出，也可以被当作生产成本的消费，如种植业或商业。依据汤森泰国月度调查中有限的信息，本书将这些费用视为非食品消费支出。但是，如果调查中需要进一步的资料，我们可以根据会计框架分配这些费用，将其分配为家庭消费支出，或将其作为适当生产活动的生产成本。

---

① 家庭固定资产通常也有一个单独的模块。

4.7　实物交易

　　企业公司的标准现金流量表中并不包括非现金交易，因为它们不改变现金持有量。这些非现金交易出现在单独的票据列表里[1]。但我们的报表将与外部实体的现金和非现金交易都纳入现金流量表。这样做有几个原因。首先，实物交易在发展中国家很常见。大米就像商品货币一样频繁易货，实物贷款和礼品等其他实物交易也时常发生。由于我们关注家庭预算的整体融资，把现金和实物交易包括在预算分析中似乎很重要。忽略非现金交易将意味着在我们的分析中会遗漏一些有用信息。例如，如果家庭消费完全来自礼品（可能来自亲属），那么标准的现金流量表会将这个家庭的消费和礼品都记录为零，可是在某种意义上，这两者都是正值。当家庭使用礼品（例如从政府而来）购买投入物（如化肥）时，也存在相似的问题。其次，单靠现金反映的流动性问题并不完全适用于发展中国家的家庭。使用商品作为交换媒介，可能有助于家庭缓解只能根据现金做预算的约束[2]。

　　考虑到这些原因，我们将所有家庭对外交易等同于现金，纳入标准家庭预算方程。在交易与现金无关的情况下，我们将交易视为两笔现金等价交易的组合。例如，如果一个家庭使用从邻居那里借来的大米，我们把它当作家庭从邻居那里借钱，用钱买了大米。实际上，这既有消费形式的现金流出，同时又有借款形式的现金流入。因此，尽管现金流量报表的条目有变化，净值则没有实质变动——家庭持有现金没有变化[3]。

4.8　固定资产折旧

　　公司财务会计里折旧的通用方法是直线法。根据这种方法，随着时间的推移，折旧扣除相同价值，直到资产价值变为零。将这种方法应用于大型家庭调查是非常复杂的，因为它需要一个单独的账户来追踪每个时期每个家庭中每项资产的当前价值。为了将折旧纳入我们的报表，我们决定使用不变折旧率法。这种方法在家庭数据中的实现相对简单。具体来说，可以为给定类别的资产规定一个不变的折旧率，然后根据前一期的资产价值计算折旧值（以美元为单位）。在汤森泰国月度调查中，我们主观将除土地以外的固定资产的年折旧率定为10%。

　　对于账户科目，在资产负债表中，折旧同时从资产和累积储蓄中扣除，即在利润表中列示为费用。如前所述，折旧不涉及家庭中的任何实际现金（或实物）流出，因此当我们调整净利润以便在现金流量表中计算从生产中获得的现金流量时，把折旧作为现金流入补记。

---

　　[1]　参见Stickney和Weil(2002)第183页。
　　[2]　在操作上，哪些物品是普遍被接受、有足够的流通性、可以用作交换媒介的，这是判断性的问题。Lim和Townsend(1998)就此进行了讨论。
　　[3]　再次说明，虽然现金净变动为零，但消费和投资的现金流量变化，以及融资现金流量的变化不是零。它们确实恰好相互抵消。

4.9 牲畜

畜牧业中存在一个特殊的问题。在某些情况下，家庭收入来自销售牲畜产出的产品（如鸡蛋或牛奶），而在其他情况下，收入来自销售牲畜本身（如鸡和奶牛）。为了解决这个问题，我们将牲畜看作一种家庭资产，并区分畜牧业带来的两种不同收入。例如，当家庭出售牛奶时，我们将该交易视为畜牧业的收入。同样，动物饲料和疫苗的支出记录为畜牧业费用。但是，如果家庭出售奶牛，无论奶牛是活着还是死亡状态，我们都把这个收入作为归属于牲畜的资产收益（如果销售价格低于购买价格，则为损失）。

与此相关的，当我们认为牲畜是一种资产时，牲畜也需要随年龄增长而折旧。折旧率根据动物的平均寿命计算，不同类型的动物有不同的折旧率，根据实地经验和与村民的谈话来决定。例如，在本书中，我们假设成熟的奶牛每月以1%的比率贬值，即每年减少12%。这个比率意味着成熟的母牛平均寿命大约8年。当动物夭折，我们将其视为资本损失。当一只动物出生或一只年轻动物成熟时，我们将它们看作是牲畜总资产科目中的资本收益。

4.10 贷款支付、本金支付和利息支付

与金融机构的正规贷款不同，发展中国家的大部分贷款和借款都是非正规的。家庭调查通常会询问有关贷款偿还的详细问题，但由于在定期贷款偿还时，需同时支付本金和利息，因此有时无法将二者分开。例如，一个家庭知道从现在开始要在多长时期内偿还贷款人的贷款数额，但是家庭不知道所付款项中哪一部分是利息，哪一部分是本金。

据我们所知，如今仍没有可行的方法来处理这个问题。一个替代方案是，对于每项贷款，可以计算贷款期限内的支付总额，用于推算本金的实际利率。这种方法的前提是研究人员可以为每笔贷款构建摊销时间表，将定期付款分解为利息支付和本金支付。在尚未到期的贷款中，通过这种方式无法计算本利支付总额。因而，我们采取另一种方法，假设所有的付款首先要偿还本金。一旦本金已经全部支付，其余的视为利息支付。这种方法的明显缺点是，在本金全额偿还之前，利息支付将不会进入利润表，而是在某一时段密集出现。请注意，我们分解定期贷款支付的方式也会影响净收入和生产现金流量，因为利息支出按利息支出（对于借方）或利息收入（对于贷方）进行记录。总之，我们在分析涉及利息收入或支出的家庭时，应谨慎处理这类账户占净收入和现金流量较大比重的情况。

最后，我们将偿还利息和本金看作简单的贷款债务处理，而不是政府债券。在操作中，如果借款人遭遇不幸事件，可以调整贷款本金。在一些数据中，如果贷款人遭遇不幸事件，贷款人将得到更多偿付（Udry，1994）。可惜这些偶然事件不能在事先明确列举，我们也很难将借款人或贷款人由于不幸事件的较低或较高的全部还款和利率进行区分，这些利率似乎因贷款和时间而异。本书处理利息支出类别的方法部分借鉴了隐性保险下的溢价保险费（对有不幸冲击的贷款人采用高于典型利率的利率）和赔偿（对有困难的借款人采用低于基准利率的利率）。

4.11 实例

我们在第2章讨论了把家庭作为公司的理论框架，在第3章讨论了家庭调查的背景，在本章前面部分讨论了如何在家庭调查基础上构建财务报表。最后，在本节中，我们选择了发展中国家的家庭通常所做的一些交易，并展示如何将其记录在家庭财务报表中。示例如表4-1所示。第一列描述交易。第二列给出了与交易相关的汤森泰国月度调查问卷中的问题示例。第三、第四和第五列分别显示资产负债表、利润表和现金流量表上的相应条目。最后一列包含了对于如何理解各项报表中交易条目的重要说明[①]。

表4-1 交易及其记录的范例

交易	相应调查问卷的问题	资产负债表	利润表	现金流量表	备注
收到的现金工资收入	JM4D 自上次访问以来，您做这项工作总共收到多少现金付款？（包括任何现金小费、奖金或加班费。如果没有收到过现金支付，记录为0）	现金增加；累积储蓄增加	劳动力收益	净收入（现金流入）	
用现金支付电话账单	XM1A [6] 自上次访问以来，您或您的家庭成员是否用现金购买了电话和电信服务？如果是，自上次访问以来，您和您的家庭成员在电话和电信服务上花了多少钱？	现金减少；累积储蓄减少	消费	消费（现金流出）	
在信贷合作社的现金存款	SM3B 自上次访问以来，您在信贷合作社存了多少现金？	现金减少；在金融机构的储蓄增加		在金融机构的储蓄增加（现金流出）	
卖小牛得到的现金	IM7C 您卖掉的小牛价值是多少？IM7E 这是什么类别的交易？（1=卖活牲畜的现金或信用）IM7F 为这只动物您一共得到多少现金？（如果没有得到现金，记录为0）	现金增加；牲畜资产减少；累积储蓄增加	牲畜来源的资本收益	净收入（现金流入）；牲畜资产减少（现金流入）	1.我们将奶牛看成与固定资产一样的牲畜资产 2.累积储蓄增加＝牲畜资本增加 3.现金总流入量＝现金总盈利

---

① 为汤森泰国月度调查里的家庭建立的家庭财务报表的详细算法见 Pawasuttipaisit, Paweenawat, Samphantharak 和 Townsend(2009)。

交易	相应调查问卷的问题	资产负债表	利润表	现金流量表	备注
成年奶牛折旧（变老）损失的价值	见此行的最后一列	牲畜资产减少；累积储蓄减少	累积折旧	（负值）净收入（现金流出）；折旧（现金流入）	1.在普通成年奶牛寿命约8年的基础上假设了固定的折旧率 2.净持有现金量没有变化
由于死亡失去成熟母牛	IM7C 在这项交易中，您损失（成熟母牛）的交易价值是多少？ IM7E 交易类型是什么？（13=动物死亡，没有被卖或被食用）	牲畜资产减少；累积储蓄减少	牲畜资本损失	（负）净收入（现金流出）；牲畜资产减少（现金流入）	净持有现金量没有变化
用现金为稻田购买化肥	CM5Q（买化肥）您一共花了多少现金？（如果没有用到现金，记为0）	现金减少；投入库存增加		投入库存增加（现金流出）	净持有现金量没有变化
为稻田使用化肥	CFO4F1 自上次访问以来，您在这块稻田上用的（化肥）大约值多少现金？	投入库存减少；在产品库存增加		投入库存减少（现金流入）；产品库存增加（现金流出）	净库存总量没有变化
收割稻谷放入仓储	CFO10E 自上次访问以来，您收割的（稻谷）总价值是多少？调查员：必须将此项目录入作物储存库存板块里	产品库存减少；成品库存增加；累积储蓄增加	种植收益和成本	净收入，产品库存减少（现金流入）；成品库存增加（现金流出）	1.净持有现金量没有变化 2.净库存总量没有变化
从家庭库存消费大米	MM4A1 自上次访问以来，您或住在您家里的人有没有食用（家庭库存的大米）？ MM4A2 如果食用了，那吃了多少千克？	库存减少；累积储蓄减少	资本增加；消费	资本增加，库存减少（现金流入）；消费（现金流出）	1.资本损失的交易记录为现金流出 2.净持有现金量没有变化
用家庭库存大米喂家里养的鸡	MM4B1 自上次访问以来，您或居住在一起的家庭成员是否使用家庭库存的大米喂牲畜？ MM4B2 如果有，用了多少千克大米喂牲畜？	成品库存减少；在产品库存增加		成品库存减少（现金流入）；在产品库存增加（现金流出）	1.净持有现金量没有变化 2.净库存量没有变化
从供应商那里用信用购买动物饲料	VM3P 您是如何获得这些动物饲料的？ VM3S 如果不是购买的，您获得的（动物饲料）大约共值多少现金？	库存增加；应付账款增加		库存增加（现金流出）；应付账款增加（现金流入）	净持有现金量没有变化

交易	相应调查问卷的问题	资产负债表	利润表	现金流量表	备注
动物饲料信用转售	LF3E 以下哪一项描述了这笔贷款？（E=信用出售货物）LF3J（您的信用转售的动物饲料）总价值是多少？	库存减少；应付账款增加；累积储蓄增加	商业活动的收益和成本	净收入（现金流入）；库存减少（现金流入）；应付账款增加（现金流出）	净持有现金量没有变化
收回动物饲料信用销售的现金还款	LM6B 您（在动物饲料的信用销售上）收到的还款总额是多少？LM6H 自上次访问以来，总共偿还金额中有多少是本金？LM6I 自上次访问以来，总共偿还金额中有多少是利息？调查员：如果借款人已经"额外付款"，请在此处包括这笔款项	现金增加；应付账款减少；累积储蓄增加	利息收益	净收入（现金流入）；应付账款减少（现金流入）	净收入=利息收益
收到现金作为礼品	GM6A3（GM6B3）（除来自各类组织机构，刚才已涉及的与具体事件相关的礼品和支付外），自上次访问以来，您和您的家庭成员收到村内外人的礼品或汇款总额是多少？GM4C 自上次访问以来，您从这种类型的组织中总共收到了多少现金？GM5C 自上次访问以来，您从这种类型的活动中总共收到过多少现金？	现金增加；累计收到的礼品增加		礼品（现金流入）	
收到大米作为礼品	MM3E1 自上次访问以来，您和您的家庭成员有没有收到作为礼品的大米？MM3E2 如果有，您收到了多少千克作为礼品的大米？	成品库存增加；累积礼品增加		成品库存增加（现金流出）；礼品（现金流入）	净持有现金量没有变化
使用由天然生产的木材制成的木炭	XM1C［3］自上次访问以来，您或您的家庭成员生产和消费了（非购买的）木材和木炭吗？如果是，自上次访问以来，您和家庭成员所消费的家庭产木材和木炭的总价值是多少？	其他收益；消费		净收入（现金流入）；消费（现金流出）	净持有现金量没有变化

备注：相关问题的例子基于汤森泰国月度调查。每个问题前面的代码表示所引用的问题的编号。

第三部分　家庭金融

第5章 财务分析

本书第三部分说明我们如何在家庭金融的分析中使用这些报表。我们介绍两种不同但互补的方法。在第5章，我们从汤森的泰国月度调查中选出两个代表性家庭进行简单的财务分析。第6章对调查的全样本家庭进行回归分析，并且研究家庭投资中的流动性约束和融资行为。

公司金融分析师和债权人经常使用个案研究方法，以此确定某既定的公司或家庭的绩效状况。个案研究方法的调查结果是具体的，不能普遍化，因此在本章中，我们用其相应府的分位数家庭对这两个案例家庭数据进行补充。这四组分位数家庭不仅使我们能够将个案家庭与在相同地区的其他家庭进行比较分析，而且也提供了汤森泰国调查数据的重要统计资料。

本章展开如下。第5.1节介绍我们选择作为个案研究的两个家庭，并讨论我们为这两个家庭建立的财务报表。通过了解这些账户，我们对家庭行为进行财务分析。第5.2节应用标准财务比率和收益率分析家庭的生产力。这些实践帮助我们通过简单的方法来了解家庭绩效的关键方面和家庭财务的实际状况。我们也讨论了影响收益率的人力资本和风险溢价问题。在第5.3节，我们研究家庭消费和投资的风险，流动性和保险。我们还分析家庭收入的不同度量标准，即现金流还是应计净收入，标准不同可能会导致不同的结果和研究结论。第5.4节深入探讨现实机制，并说明如何使用财务报表来查看家庭为消费和投资亏损的融资。第5.5节分析当家庭财富积累或财富减少时，家庭资产和负债组成部分如何随时间推移而变化，以此来研究家庭投资组合管理。最后，第5.6节总结我们从研究这两个个案家庭中学到的经验以及其所在府的补充统计数据。

5.1 两个案例研究

正如第3章所述，汤森泰国月度调查是在泰国的农村和城乡接合区展开的，始于1998年，分别在4个府，其中每个府涵盖4个村庄，共计16个村庄进行了一次高频的月度调查。每个村庄约有45户抽样家庭。这项月度调查最开始是全村普查。我们调查了每个住宅和每个家庭，并且根据睡眠和饮食习惯创建了定义的"家庭"单位，以便在随后的每月回访中识别16个村庄中的每一个个体、每一个家庭和每一个住宅。入户调查始于 1998 年 8 月，我们对样本家庭的初始状况进行了基础性调查。每月回访于 1998 年 9 月开始，跟踪相同家庭随时间推移的投入、产出和变化情况。例如，在附录中，我们使用 5~16 个月的财务报表，报表跨度是一年，但特意选择从调查开始以来 5 个月之后的数据，因为此时调查的各项实际操作和方法已基本确定。本章提出的分析基于 48 个月的数据，这是本章初次写作时的全部样本，也从第 5 个月的数据开始。这 48 个月是从 1999 年 1 月到 2002 年 12 月。这 48 个月的时间也与公历年相吻合，使我们能够将调查结果与其他来源提供的宏观经济数据相比较，并利用这些宏观数据。

我们选择了两种不同类型的家庭作为我们的典型案例。第一户家庭，家庭 A，来自泰国相对发达的中部地区的华富里府。这个家庭相对富裕。它由四名家庭成员组成：一对夫妇和他们的两个女儿。丈夫的受教育程度为中学，妻子的受教育程度为小学，在调查时，女儿们正在上学。家庭主要从事出售动物饲料和饲养母牛的生产活动。这些业务主要由妻子经营。丈夫是政府职员，每月得到薪酬，也帮助妻子经营家庭产业。这个家庭涉及几种类型的金融合同：与供应商和客户的贸易信贷，商业银行的正规存款，直接贷款和借款以及参与信贷协会（ROSCA）。在创建报表前，我们已经了解了这些情况，这也是我们选择该家庭作为研究案例的原因之一。

第二户家庭，家庭 B，来自泰国相对欠发达的东北地区的四色菊府。这个家庭相对比较贫穷，有五口人：丈夫、妻子、一个女儿、一个女婿、一个小外孙。丈夫和妻子受教育程度均为四年的小学教育，而女儿和女婿都接受了六年的教育。所有的家庭成员（除了婴儿）均为从事家庭水稻种植的无薪农民。家庭还参与其他几个次要活动，包括种植木薯、鱼类养殖和偶尔的劳动力供给。家庭成员也种植蔬菜和养鸡，用于家庭消费。存货在这个家庭的活动中扮演着重要角色。家庭与一个信贷合作社（村级储蓄和贷款协会）以及其他家庭有着财务合同。家庭从政府和个人那里接受转移支付和汇款，并向其他人提供礼品。

如前所述，汤森泰国月度调查并没有在基准问卷中询问家庭持有的现金或珠宝的价值。然而，随后的每月跟踪调查都会区分现金交易和实物交易，因此我们可以计算现金流量。如果我们从任意的初始估计值开始记录现金，比如零，那么如果净累积现金流出超过这个初始估计值，则表明估计过低。这样我们就创造了现金持有的初始下限①。我们还假设土地以外的固定资产的年折旧率为 10%，牲畜的折旧率为每月 1%，换算后每年折旧率为 12%。最后，对于农业生产，我们不区分农场价格和市场价格。我们可以区分商品是在村里还是在村外出售，但调查问卷不能确定市场价格是否包含运输成本。在附录中，我们以 5~16 个月中家庭 A 和家庭 B 的财务报表作为示例。

从资产负债表可以看出，家庭 A 持有现金、存货和固定资产，主要是奶牛、土地和

---

① 根据我们目前对初始现金持有量的猜测，现金占家庭 A 总资产的 34.8%，占家庭 B 总资产的 30.8%。此外，虽然调查并没有提出关于珠宝和黄金的明确问题，但关于这些项目的交易被记录为"其他支出"和"其他收入"。但是，这些交易对于样本中的所有家庭而言极不频繁。事实上，这两个家庭在这 48 个月内根本就没有这类交易。

家庭资产。这与家庭的主要生产活动是饲养牲畜和零售的事实一致。其余资产包括金融机构存款和贸易信贷的应收账款。负债包括从其他家庭的借款和给供应商的应付账款。债务与资产比率在48个月内随时间推移，从20%上升到55%。48个月的平均总资产为957万泰铢（THB）[①]。在这个价值里，家庭财富为496万泰铢。虽然总资产增长速度高于总财富，但是总资产和总财富在这段时间内都随时间推移而增长，这反映出债务与资产比率随着时间而增加。

平均而言，这个家庭的主要收入来源是动物饲料交易（75%），记录在营业收入账户下[②]。其他收入来自奶牛（16%），记录在牲畜收入下，以及劳动力供给（4%）。家庭也种植干草，用作牲畜饲料。主要支出是家庭购买并转售的动物饲料。牛的老化被明确视为折旧费用。小牛的出生及其成熟相对应的资本收益也明确包括在内。资本损失与动物过早死亡有关，扣除折旧，以当时价值计算。平均每月净收入为80 405泰铢。鉴于1999年泰国家庭平均月收入为12 729泰铢[③]，家庭A的收入相对较高。与全国平均水平相比（30%~35%），净收入平均储蓄率较高（67%）。家庭A的现金流量与应计收入不同，主要是由于动物饲料存货的变化、应收账款（贸易信贷）的账户变化和折旧。再次说明，我们有意挑选了这个相对富裕的拥有中小企业的家庭，来说明财务报表潜在的复杂性。

家庭B相对较贫穷，平均资产和平均财富分别为86 044泰铢和81 730泰铢，主要资产包括现金和存货。唯一的负债是其他家庭的借款。收入来自偶尔获得的工资（36%）和水稻种植（31%）。水稻种植成本高。这个家庭平均每月净收入为1 835泰铢，低于全国平均水平。在几个月内，按净收入超出消费计算的储蓄似乎为负数，但48个月的总体平均储蓄率为45%左右。现金收入与应计收入之间的差额来自大米库存。

5.2 生产力

我们采用标准的公司财务比率和收益率，通过这两个案例家庭来研究家庭生产力。虽然我们需要更全面的分析来了解家庭行为，但这些财务比率为我们提供了简单而有说服力的统计数据，可以说明家庭的生产力和基本财务状况。我们从生产力（及其组成部

---

① 在本章用到的这些数据所对应的这48个月期间(1999年1月—2002年12月)，泰铢对美元的汇率在1美元对36~45泰铢之间波动。在1999年1月的数据起始点，汇率为1美元对36~37泰铢。鉴于这种波动，我们在本部分只报告以当地货币估算的价值。

② 如前文第4章所述，汤森泰国月度调查中加入了一项关于涉及转售商品库存的假设，我们不知道特定期间实际销售商品的总成本的确切值。例如，零售商店可能购买和出售各种商品，这些商品在调查中不是逐项询问的。在这种情况下，我们通常只知道购买总支出以及在特定时期内的销售总收入，但有些商品可能不会在购买的同一时期内出售。同样，商店也可以在不同时期以不同的价格购买相同的实体商品，因此难以确定商品的成本，除非用比较复杂的后进先出或先进先出（LIFO或FIFO）库存方法。为了更加简化处理这个问题，我们计算出每个期间销售商品的成本，与总收入分开，其中商品加价计算为过去三个月内销售商品的总收入除以过去三个月内购买的货物费用总额。隐含的假设是，转售货物在三个月内出售。

③ 泰国国家统计局进行的家庭社会经济调查(SES)。

分）的两个常规度量指标开始：资产收益率和财富（或权益）收益率。很明显，本部分中，家庭资产与家庭财富的区别十分重要。由于省略人力资本，或者由于家庭生产技术风险溢价的差异而不能反映家庭的潜在生产力，因而我们从家庭财务报表中计算的简单一般收益率可能会有偏差。本章将提出可行的补救措施来缓解这一问题。

5.2.1　资产收益率

资产收益率（ROA）衡量家庭从各个来源运用资产（实际和财务）获得收入的效率。ROA是公司金融文献中典型的绩效衡量指标。正如我们前面指出的那样，本书重点关注整体生产活动的回报，避免了分别估计各种活动的收益率的问题。更具体地说，我们不需要为活动分配资产和劳动力。总体回报是所有者利用土地和劳动力等资源的回报。原则上，我们可以估算在农业中使用自有土地的租金。这将成为农业成本，从而减少农业净收入，但同时应记录为金额相等的家庭租金收入。因此，总收入不变，我们不需要估算租金价值来计算总资产的收益率。类似的论证也适用于其他家庭成员在家庭生产活动中利用资产和家庭成员劳动力的问题[1]。

我们也强调，ROA是资产的回报，而不是权益或财富的回报，即ROA独立于这些资产的融资。因此，用于计算资产收益率的收入是支付或分配给资金提供者的，包括利息支付和本金，这对于高负债水平的家庭来说可能存在较大差异。具体来说，ROA是净收入加利息支付，除以该期间的平均总资产。我们使用的是应计收入，而不是现金流，因为目的是衡量业绩（资产产生的回报），而不是衡量流动性问题。平均总资产是初始时期总额和结束时总额的算数平均数。

$$资产收益率（ROA） = \frac{净收入 + 利息支付}{平均总资产}$$

根据A、B家庭利润表和资产负债表的资料，表5-1列出了A、B两个家庭的无复利的年化月平均ROA，以及它们相对应的华富里府和四色菊府的府级分位数。我们看到，家庭A的ROA为13%，远低于家庭B的50%。这来自两方面数据的整合。首先，与华富里府的同水平家庭相比，家庭A生产效率似乎较低，其13%的ROA低于该府25分位家庭（15%）。其次，家庭B似乎比四色菊府的同水平家庭生产效率更高，其50%的收益率高于该府75分位家庭（32%）。

资产收益率可以分为两个比率的乘积，即边际利润率和资产周转率。边际利润率是家庭的收入与收益之比，衡量创收生产的成本。资产周转率衡量家庭资产产生收入的能力。更具体地说，它们是以下分解式的第一和第二项：

$$资产收益率（ROA） = \frac{净收入 + 利息支付}{收入} \times \frac{收入}{平均总资产}$$

根据分解式分析可知，家庭B的每项资产的高收益来源于两个方面：相对较高的边际利润率（高于中位数），非常高的资产周转率（高于全府的最高分位数）。家庭A的资产周转率为中位数，但边际利润率相对较低。这些现象普遍存在于小额信贷文献中，但

---

[1]　但是，如果我们希望计算特定活动的回报率，则需要进行这种插补。

表5-1   年化资产收益率和年化净资产收益率的月平均值及构成

	家庭 A [第一、第二、第三的府分位数]	家庭 B [第一、第二、第三的府分位数]
资产收益率	12.93% [15.32, 22.37, 32.11]	49.95% [14.63, 23.17, 32.02]
边际利润率	21.13% [-90.25, 30.87, 61.29]	52.22% [-42.02, 28.29, 59.34]
资产周转率	0.39 [0.28, 0.38, 0.48]	0.59 [0.22, 0.33, 0.46]
净资产收益率	15.95% [18.24, 25.23, 37.05]	52.85% [17.96, 27.25, 44.76]
边际利润率	21.10% [-144.87, 25.81, 58.71]	52.22% [-90.74, 8.54, 51.73]
资产周转率	39% [0.28, 0.38, 0.48]	59% [0.22, 0.33, 0.46]
资产与财富比率	1.81 [1.04, 1.13, 1.29]	1.07 [1.09, 1.20, 1.41]
债务与财富比率	0.81 [0.04, 0.14, 0.28]	0.07 [0.09, 0.20, 0.42]

备注：每月平均值以48个月计算，从1999年1月至2002年12月。家庭A相对应的府分位数来自华富里府的164个家庭。家庭B相对应的府分位数来自四色菊府的148个家庭。

它们没有被系统量化过。家庭供应商必须购买存货，并以较快速度出售这些商品，导致资产周转率高。家庭如果受到信贷约束，则可能具有较高的边际利润率，但由于无法通过信贷融资存货扩大业务，因此无法利用较高的利润率。对于我们的两个案例研究家庭来说，这种描述更符合家庭B。

ROA有一些月度波动。如表5-2所示，家庭A的变异系数为0.87，家庭B的变异系数为1.75。相对应的数量级也体现在府级数据里。换句话说，华富里府的变异系数的平均分布低于四色菊府。这些与本章后面介绍的风险和波动性测度有关。这两个家庭的ROA波动小于府级平均水平，每个家庭的变异系数都小于本府第一分位数。请注意，四色菊府的债务相对较多，波动性也较高，因此从这种意义上来说，对于收益波动幅度较大、ROA变异系数更高的家庭而言，家庭债务更为有限这一说法不准确。

我们也可以计算长期的ROA，用48个月以来的总净收入除以48个月期间的平均总资产，代表所用数据里4个整年的收益率。

如表5-2所示，对两户家庭来说，用另一种方法计算的长期ROA似乎都低于短期平均水平，但每户相对于各自府其他家庭的整体排名依然与之前相同。

家庭 A [第一、第二、第三的府分位数]		家庭 B [第一、第二、第三的府分位数]	
小组 I：短期 ROA			
平均值		49.95% [14.63，23.17，32.02]	
12.93% [15.32，22.37，32.11]			
变异系数			
0.87 [0.97，1.61，2.36]		1.75 [1.88，2.37，3.00]	
小组 II：长期 ROA			
9.36% [14.77，21.15，30.13]		41.10% [13.84，21.19，28.48]	

备注：短期 ROA 是按月净收入加利息费用除以特定月份的平均总资产。短期 ROA 的平均值是 48 个月内每月 ROA 的算术平均数。短期 ROA 的变异系数是每月 ROA 的标准差除以每月平均 ROA。长期 ROA 计算为 48 个月的总净收入加上 48 个月的利息费用除以 48 个月期间的平均总资产。48 个月为 1999 年 1 月至 2002 年 12 月。所有收益率均按年化计算，没有复利。家庭 A 的府分位数来自华富里府的 164 户家庭。家庭 B 的府分位数来自四色菊府的 148 户家庭。

最后，我们注意到，使用现金流量作为收入指标计算得到的 ROA 波动变大，且无法代表真实潜在生产力。这在第 5.3.1 节中讨论并比较净收入与现金流量的变动性时会十分明显[①]。

5.2.2 家庭财富的收益

类似于企业公司的净资产收益率，家庭财富的收益率衡量一个家庭在各项活动中利用自有财富的效率[②]。具体来说，一个家庭的净资产收益率被计为净收入除以该期间家庭的平均总财富。总资产收益率与家庭净资产收益率之间的差异在于家庭净资产收益率也考虑到家庭融资来源；因此，用于计算净资产收益率的净收入扣除了对外部人士的利息支付。

$$净资产收益率（ROE）= \frac{净收入}{平均财富}$$

从表 5-1 可以看出，这两个家庭的净资产收益率（ROE）高于资产收益率（ROA）。也就是说，对于家庭 A，年平均 ROE 是 16%，而 ROA 为 13%，家庭 B 的 ROE 为 53%，而 ROA 为 50%。请注意，家庭 B（相对较贫困的家庭）的 ROE 和 ROA 均较高。其他相

---

① 我们还注意到，在近些年的经济文献中，例如在 Hsieh 和 Klenow（2007），Restuccia 和 Rogerson（2008）等文献中，有形资产的回报与隐含或明确的税收或补贴成比例，扭曲的资本成本反映了政治经济和信贷市场的扭曲。由于利润通过资本进行标准化，在大多数此类文献假设的市场结构和 Cobb-Douglas 生产函数中，全要素生产率和人力资本不计入 ROA。然而，在 Lloyd-Ellis 和 Bernhardt（2000）的模型中，如果降低了设置成本，人才可以重新出现在收入/资产比率上。此处我们进行了实地调查，本章主要目的是说明建立财务报表的用途。因此，我们不与结构规范的生产函数或市场均衡联系，仅计算常规 ROA 以及考虑到家庭劳动力调整的 ROA。

② 为了保持类比性，我们采用 ROE 作为家庭净资产收益率（即家庭权益）的缩写。

对贫穷的家庭也具有较高的收益率。

家庭总资产收益率等于债权融资资产回报加权平均值水平和家庭持有资产的回报。相比之下，家庭的净资产收益率只是净值的回报。因此，在表5-1中，ROE高于ROA的结果表明，两户家庭的债务持有人的收益（或债务成本）相对较低。其实我们可以从利润表中看出这两个家庭的利息费用很低。这些家庭借款的平均利息费用在48个月内低于1%①。因此，原则上看，在借款利息（债务融资成本）没有上升或者资产和净资产收益率没有下降时，家庭应该多借钱，这样资产收益率就等于债务持有人的收益率和家庭净资产的收益率。一个可能的解释是，家庭成员作为剩余的求偿人，承担比债务持有人更多的风险，并得到更高的回报。另一个可能的解释是，这些家庭获得信贷的机会是有限的。

家庭净资产收益率可以分为ROE边际利润率、资产周转率和杠杆率的乘积②。

$$净资产收益率（ROE）= \frac{净收入}{收入} \times \frac{收入}{平均总资产} \times \frac{平均总资产}{平均家庭财富}$$

实际上，边际利润率和资产周转率对ROE的贡献与对ROA的贡献十分类似，但是家庭A的48个月平均债务与财富比为0.81，而家庭B只有0.07，这就解释了为什么家庭A的ROE与ROA的差距大于家庭B。比率表明，与家庭B相比，家庭A资产的更大部分来自债务融资，家庭B几乎所有资产都由家庭拥有，不通过债务融资。这一结论，以及家庭B总资产收益率大于家庭A的事实表明，家庭B可能更难以从债权人那里获得贷款，或不太愿意借款。请注意，与华富里府的其他家庭相比，家庭A的债务与财富比率很高，家庭B相对于四色菊府的其他家庭来说，债务与财富的比例较小。还要注意的是，与泰国公司的债务与财富比率相比，两户家庭的债务与财富比率都很小。当我们考虑到由于对家庭持有财富的保守估计，A和B家庭的债务与财富比率甚至可能会被高估③。

5.2.3 忽略人力资本和收益率的偏差

如前所述，我们所构造的家庭资产负债表中总资产和总财富不包括人力资本和其他无形资产。因此，传统的资产收益率和净资产收益率高估了有形资本的回报。收益率计算中作为分子的净收入除了包括有形资产（实体、金融）和财富之外，也包括人力资本的补偿和其他无形资产，但是人力资本和其他无形资本不计入分母。由于我们无法合理地准确评估家庭的人力资本和其他无形资产的存货，即使可能，计算比率中真实分母值也十分困难，因此很难计算家庭总资产（有形的加无形的）收益率。但我们可以调整传统的资产收益率，并计算偏差较少的家庭有形资产收益率。这种收益率衡量家庭使用其有形资产产生收入的能力。

为了计算有形资产的收益率，我们从分子的总净收入（加利息费用）中减去反事实工资收入回报（包括劳动力市场的人力资本回报和家庭生产活动的劳动力回报）。当家

---

① 1999年泰国商业银行贷款利率在11.25%~12.50%之间。商业银行储蓄存款利率在1999年初为5%，年底下降到2.5%，到2002年底仍保持较低水平。

② 由于家庭资产与家庭债务和家庭财富的总和相同，最后一个组成部分可以写为1+债务与财富的比率。

③ 1999年泰国公开上市公司的平均债务与财富比率是1.33。

庭成员在外部劳动力市场工作时，我们仅观测到劳动力工资，当家庭成员只从事家务活动时，我们无法观测反事实工资，但这种调整方法仍具有一定的作用。下面简要介绍这一调整方法[①]。

对于几乎每个月都从劳动力市场赚取劳动收入的家庭成员来说，这个方法相对直接。在这种情况下，我们可以使用观察到的家庭成员工资率。结合调查资料中家庭成员花在家庭生产活动中的时间，我们计算家庭成员实际应该收到的影子补偿，作为衡量家庭成员为本家庭农业或其他生产活动提供劳动力的成本。

当家庭成员不是几乎每月都在劳动力市场工作，只在某些月观测到他们的月工资率，而其他月份没有时，计算方法将变得复杂。在这种情况下，我们根据观察到的家庭成员的市场工资，考虑村里工资率的季节性和周期性波动，插值计算每个成员的影子工资率。波动根据每个村庄所有个体工资的面板回归分析中的月固定效应和年固定效应推断而来。

最复杂步骤是关于整个调查期间从未在外部劳动力市场工作的家庭成员。在这种情况下，我们根据成员的个人特征（性别、受教育程度和年龄）以及月和年固定效应估计影子工资率。该影子工资率是从每个村庄所有个体样本的面板回归中估计得到。此外，我们运用 Heckman 两步法纠正家庭活动或外部劳动力市场的自我选择偏差。

表5-3的第一行显示了家庭 A 和 B 的有形资产的平均或预期收益率。从常规 ROA 中减去对家庭劳动力供给的补偿后，有形资产的收益率对家庭 A 来说从13%急剧下降到约1%，家庭 B 从50%降至7%。家庭 A 的收益率低于家庭 B。与 ROA 的常规估计的顺序类似，家庭 A 的收益率低于华富里府的最低四分位，而家庭 B 的收益率远高于四色菊府的最高四分位。一般来说，四色菊府的有形资产回报现在低于华富里府。

表5-3	有形资产平均收益率，有形资产β，有形资产α	
	家庭 A	家庭 B
	[第一、第二、第三的府分位数]	[第一、第二、第三的府分位数]
有形资产预期收益率	0.97 [1.19, 4.07, 8.30]	6.87 [0.23, 1.31, 4.34]
有形资产β	−0.007	1.31
有形资产α	1.02 [0.25, 0.77, 3.76]	6.24 [−0.04, 1.18, 4.11]

备注：有形资产的预期收益率为家庭有形资产的月平均收益率，计算为平均每月净收入加利息费用减家庭劳动力赔偿，除以平均有形资产总额。有形资产β是家庭每月有形资产收益率和每月村庄收益率的协方差除以每月村庄收益率的方差。有形资产α是有形资产预期收益与资产β与有形资产预期收益率的乘积之间的差值。这48个月为1999年1月至2002年12月。所有回报均为不复利的年化收益率。家庭 A 的府分位数来自华富里府的146户家庭。家庭 B 的府分位数由四色菊府的137户家庭计算而来。（注意，该表剔除完全从劳动收入中获得收入的家庭，导致府的家庭数量少于表5-2。）

[①] 关于汤森泰国月度调查工资估算的更详细的讨论，请参见 Townsend 和 Yamada(2008)。请注意，关于工资估算的假设可以修改，但计算有形资产收益率的总体步骤仍然相同。

5.2.4 风险溢价与生产力

资产和权益的收益率通常是衡量企业或家庭企业的绩效或生产力的一种指标。然而，ROA 和 ROE 没有考虑到较高的预期收益可以弥补某些生产活动中较高的风险。为了比较横截面上家庭生产率，我们需要计算经过风险调整的收益率，即不是由生产技术的风险驱动的回报。最初的研究中多选择控制特殊风险来解决这一问题，Samphanthar-ak 和 Townsend（2009）的研究指出，资本资产定价模型可用于度量风险。[①]

一般来说，CAPM 假定，完备市场中仅有系统的、不可分散的风险可以定价，但家庭中的特殊风险是多样化的。具体来说，CAPM 意味着超过无风险利率的预期收益与资产风险成正比。资产风险是通过资产超额收益和市场超额收益的共同作用来衡量的，资产超额收益是资产收益与无风险资产收益之间的差额。具体来说，这一风险是由家庭资产超额收益和市场（村）超额收益的协方差计算的，按市场收益的方差标准化。实际上，这相当于以资产超额收益作为被解释变量，市场超额收益作为解释变量回归后的斜率系数。因此，这种风险在金融文献中被称为资产的 β，个体收益受市场联动影响。公式（5-1）为上述的实证表示。

$$r_{i,t} - r_{f,t} = \alpha_i + \beta_i (r_{m,t} - r_{f,t}) + \varepsilon_{i,t} \tag{5-1}$$

其中 $r_{i,t}$ 是资产 i 在 t 期的回报；$r_{m,t}$ 是 t 期的市场回报；$r_{f,t}$ 是 t 期的无风险资产回报。CAPM 的原假设之一是每个资产的常数 α_i 为零，只有风险或资产 β 才能确定资产的超额收益。也就是说，在原假设下，公式（5-1）也意味着资产 i 的预期超额收益仅由其 β 和预期的市场超额收益决定。

实际上，α_i 不一定是零，因为有几个因素使资产的超额回报高于常规 CAPM 预测的资产超额回报。Jensen（1967）提出 α_i 可以解释为资产的异常回报。事实上，金融从业者使用 Jensen 的 α_i 作为资产（或基金经理）绩效的衡量标准。我们遵循这个传统，将 α_i 作为衡量家庭 i 管理其资产以赚取收入程度的标准。我们计算家庭 i 的 α，然后用其度量经过风险调整的收益率。

下面从有形资产的月收益率进行具体阐述。我们使用村庄作为市场来计算每个家庭的资产 β。我们假设样本中无风险资产利率为零，因此资产的超额收益等于资产回报本身[②]。然后，我们计算每个家庭的风险溢价，定义为家庭 β 乘以村庄的预期收益。最后，我们通过从家庭有形资产的预期回报中减去家庭的风险溢价来计算家庭的 α[③]。

---

① 基于 Markowitz(1952)的均值-方差效用理论，Lintner(1965)和 Sharpe(1964)构建了传统的 CAPM。后来，基于消费的 CAPM 由 Breeden(1979)，Lucas(1978)和 Rubinstein(1976)等构建。关于资产定价理论的统一方法，参见 Cochrane(2001)。

② 我们做出这个假设是基于我们样本中大多数家庭持有大量现金，这种现金的名义回报为零。虽然原则上我们应该在分析中使用真实的回报，但本章所用的回报是名义上的。主要是为了简化，而且因为撰写本书时村庄缺乏可靠的价格指数。鉴于泰国数据是高频率的，而且泰国在此期间通货膨胀率相对较低，这一简化分析不应与估计中的大偏差相关联。

③ 预期收益计算为每月收益的时间序列算术平均值。

表5-3的第二行显示了家庭A和家庭B的资产β。家庭A的β为负数，但非常接近于零，表示其有形资产收益率与村庄回报没有太大差异。实际上，它与村庄收益的方向相反，就像保险一样。相反，家庭B的β大于1，这意味着它的有形资产的回报与村庄的回报方向相同，但波动较大。

最后，表5-3的最后一行报告了这两个家庭及其府四分位数的资产α。家庭A的收益率按其α进行风险调整后每年约为1%。注意，虽然这个家庭的资产收益率低于华富里府的最低分位数，但其风险调整后收益率高于府中位数。可能的解释为：一方面，华富里府的许多家庭从事风险更高的生产活动（按其β测量），其较高的回报只是对这种更高风险（由其风险溢价所反映）的补偿。另一方面，家庭B的β大于1，风险比农村平均水平高，原则上这种较高的风险得到了补偿。我们在前文看到，家庭B的资产收益率即使在调整了劳动力收入后，也是四色菊府的最高四分位。在这里，即使进一步调整该家庭资产产生的较高风险，其经过风险调整的有形资产收益率仍高于四色菊府的大多数家庭。

5.3 流动性和保险

除生产力外，短期流动性管理是发展中国家家庭的另一个重要问题。Paxson（1993）研究了泰国的季节性消费平滑。Duflo，Kremer和Robinson（2009）提出了肯尼亚作物种植期间化肥使用可能受到流动性限制。对于两个案例家庭，我们可从附录的家庭财务报表中看出，家庭的净收入、消费和投资随着时间而波动。在本节中，我们将两个案例家庭的财务报表纳入消费和投资的流动性和保险分析中。我们从三个方面来看流动性约束、平滑和保险：（1）净收入、现金流量、消费和投资的波动；（2）消费、投资、现金流量和净收入的关系；（3）消费和投资对现金流量和净收入的实证分析。请注意，与上文对资产和净资产收益率的分析不同，本部分不受资产负债表中不包括人力资本的偏差的影响。

5.3.1 净收入、现金流量、消费和投资的波动

表5-4为主要变量的描述性统计，报告了家庭净收入、生产的现金流、消费和投资方面波动的数据。这些数据来自家庭A和B的现金流量表。表5-4显示了家庭A和B以及相应的府分位数变量的变异系数。消费被分解为家庭产出的消费和家庭外生产的商品的消费支出。投资或资本支出被定义为一段时间内固定资产支出和折旧总额。在潜在的环境中，收入和风险在很多关键变量上的变化都是明显的。

首先，每个家庭的现金流量的变异系数比应计净收入的波动系数要高得多，尤其家庭A是2.98对0.87，家庭B是2.88对1.81。这与我们开始时分开建立账户的原因相吻合。相对于所在府其他家庭，家庭B的现金流量变动相对较小，家庭A更接近中位数。两户家庭的净收入变异系数相对较低。一般来说，四色菊府似乎比华富里府的环境风险更高，A与B的排序和华富里府一致。

消费变动反过来又低于净收入的变动，证明了消费平滑。四色菊府的消费波动仍然高于华富里府，但现在家庭A和B的排序相反，华富里府的家庭A的消费波动为0.65，高

表5-4   每月现金流量、净收入、消费和投资的变异系数

变量	家庭 A [第一、第二、第三的府分位数]	家庭 B [第一、第二、第三的府分位数]
现金流量	2.98 [1.22, 2.25, 4.07]	2.88 [3.10, 4.01, 6.96]
净收入	0.87 [0.91, 1.46, 2.25]	1.81 [1.86, 2.30, 2.95]
消费	0.65 [0.53, 0.91, 1.39]	0.46 [0.56, 0.94, 1.76]
家庭产出消费	0.30 [0.30, 0.38, 0.48]	0.60 [0.51, 0.62, 0.69]
消费支出	0.66 [0.56, 1.02, 1.60]	0.64 [0.88, 1.53, 2.75]
资本支出	4.78 [3.63, 5.71, 10.35]	—

备注：现金流量是家庭生产中的现金流。净收入是家庭的应计净收入。家庭产出的消费是家庭生产的产品的消费。消费支出广义上被定义为不是家庭生产的产品的消费，必须从家庭外获得。资本支出是家庭固定资产投资和折旧总额。家庭 B 的资本支出非常小，频率很低，因此从研究中略去。变异系数是标准偏差除以 48 个月的平均值，这 48 个月是 1999 年 1 月至 2002 年 12 月。家庭 A 的府分位数由华富里府的 164 户家庭计算而来。家庭 B 的府分位数由四色菊府的 148 户家庭计算而来。

于四色菊府家庭 B 的 0.46。可以推测，家庭 B 的平滑度比府级同水平家庭好。有趣的是，消费的变化更多来自购买的商品（即支出部分），而不是来自家庭产品的消费。对于 A 和 B 家庭和每个府的分布情况都是如此。最后，资本支出是波动最大的项目，家庭 A 的变异系数为 4.78，一定程度上代表了华富里府的平均水平。对此的解释是总投资在数量上和时间上分布不均，本书第 6 章将对此作重点阐述。

5.3.2　消费、投资、净收入和现金流量的关系

表5-5 的描述性统计数据报告了消费、投资、净收入和生产现金流之间的相互关系。表5-5 显示，家庭 A 和家庭 B 的现金流与净收入之间的相关性分别高达 0.82 和 0.78，但两个家庭都分布在府的上四分位左右。一般意义上，现金流与净收入之间不存在较高的相关性，华富里府的中位数为 0.65，四色菊府仅为 0.37。

对于两个案例家庭来说，现金流和净收入之间的区别可能会被忽略，但在考虑消费后差异再次出现。从这两种伴随着消费的收入指标的相关性来说，家庭 A（现金流和净收入分别为 0.56 和 0.53）比家庭 B 高（0.32 和 0.49）。对于家庭 B，消费支出和净收入的相关性比与现金流的相关性高。对于家庭 A，这两个数字仍相差不大，现金流量相关性略高。这些关系在府级横断面分析上是相反的，华富里府的家庭在消费与应计收入之间的相关性略高，而四色菊府相反。现金流仍是这两个家庭购买物品消费支出时考虑的重要因素，但家庭 B 可能会更好地平滑现金流量波动。此外，与华富里府和四色菊府的其他家庭相比，A 和 B 家庭的相关系数相对较大。最后，对于家庭 B 而言，家庭生产的消费占比较大，与总消费的相关性更大。对两个家庭来说，家庭产品的消费都与现金流和净收入无关。家庭 A 的资本支出与同期消费和同期收入呈负相关，尽管在统计上不显著。在更大范围的横截面分析中，一半以上家庭的投资与同期消费和同期收入（尤

表 5-5　　　　　两个案例研究家庭的现金流量、净收入、消费和投资的相关系数

	现金流	净收入	总消费	家庭产出消费	消费支出
A板块：家庭 A[第一、第二、第三的府分位数]					
净收入	0.82*** [0.40, 0.65, 0.89]				
消费	0.55*** [0.06, -0.00, 0.15]	0.53*** [0.06, 0.02, 0.17]			
家庭产出消费	0.05 [0.10, -0.00, 0.13]	0.11 [0.09, 0.02, 0.14]	-0.08 [0.04, 0.24, 0.47]		
消费支出	0.56*** [0.06, 0.01, 0.14]	0.53*** [-0.06, 0.03, 0.17]	1.00 [1.00, 1.00, 1.00]	-0.09 [-0.02, 0.18, 0.08]	
资本支出	0.05 [0.31, -0.05, 0.07]	-0.12 [-0.52, -0.08, 0.01]	-0.03 [-0.06, 0.01, 0.09]	0.04 [-0.06, 0.02, 0.14]	-0.03 [-0.07, -0.00, 0.08]
B板块：家庭 B[第一、第二、第三的府分位数]					
净收入	0.78*** [0.11, 0.37, 0.71]				
消费	0.13 [-0.05, 0.03, 0.16]	0.40*** [-0.10, -0.00, 0.13]			
家庭产出消费	-0.13 [-0.12, -0.02, 0.13]	0.10 [-0.06, 0.03, 0.16]	0.73*** [0.29, 0.53, 0.73]		
消费支出	0.32*** [-0.05, 0.04, 0.21]	0.49*** [-0.03, 0.09, 0.27]	0.76*** [0.87, 0.96, 0.99]	0.10 [-0.02, 0.16, 0.38]	

备注：现金流量是家庭生产中的现金流。净收入是家庭的应计净收入。家庭产出的消费是家庭生产的产品的消费。

消费支出广义上被定义为不是家庭生产的产品的消费，必须从家庭外获得。资本支出是家庭固定资产投资和折旧总额。家庭 B 的资本支出非常小，非常不频繁，因此从研究中略去。变异系数是标准偏差除以48个月的平均值，这48个月是 1999 年 1 月至 2002 年 12 月。家庭 A 的府分位数是由华富里府的 164 户家庭计算而来。家庭 B 的府分位数是由四色菊府的 148 户家庭计算而来。

*显著性水平为 10%；**显著性水平为 5%；***显著性水平为 1%。

其是应计收入）之间负相关[①]。

5.3.3　消费、投资、净收入和现金流量回归分析

现在我们使用月度数据研究常规的波动性指标。下文分析仍将现金流和应计净收入

---

① 然而，在第 6 章中，我们展示了家庭投资与未来的 ROA 正相关，ROA 由净收入计算而来。总而言之，这些调查结果与家庭前瞻性观点一致，投资在收益实现前一个多月就进行了。

区别对待。

下述回归主要探究家庭行为是否受到这两个概念间差异性的影响。如表5-6所示，标准消费回归与上文的波动性和相关性回归的表格一致。对于每个家庭，消费支出在一个模型中对现金流量回归，在另一个模型中对净收入回归，并在第三个模型中对二者同时回归。家庭A的消费支出对两种收入指标都具有一些敏感性，当这两个变量都被纳入回归时，家庭A的消费支出对现金流指标更敏感。家庭B对收入的两种度量指标也具有一些（较小的）敏感性，当同时包括净收入和现金流时，其对净收入的敏感性较强。这一发现加强了下面的推断，即家庭B进行了合理的风险投保[①]。但即使我们控制净收入所获得的营利能力，家庭A的资本支出对现金流仍不敏感[②]。

表5-6　　　　　　　　每月消费和投资对现金流和净收入的简单回归

因变量	消费支出			资本支出		
板块A：家庭A						
现金流	0.111***		0.072*	-0.063		0.210
	(0.025)		(0.044)	(0.197)		(0.346)
净收入		0.132***	0.059		-0.196	-0.409
		(0.031)	(0.054)		(0.241)	(0.428)
截距项	22.489***	15.273***	18.965***	25.237	38.820	49.581
(×10³)	(2.186)	(3.225)	(3.880)	(17.261)	(24.907)	(30.737)
调整R方	0.289	0.265	0.292	-0.019	-0.007	-0.021
观测值	48	48	48	48	48	48
板块B：家庭B						
现金流	0.054***		-0.020			
	(0.023)		(0.033)			
净收入		0.056***	0.067***			
		(0.015)	(0.023)			
截距项	0.886***	0.790***	0.785***			
(×10³)	(0.090)	(0.090)	(0.091)			
调整R方	0.089	0.221	0.210			
观测值	48	48	48			

备注：现金流量是家庭生产中的现金流。净收入是家庭的应计净收入。家庭产出的消费是对家庭生产的产品的消费。消费支出广义上被定义为不是对家庭生产的产品的消费，必须从家庭外获得。资本支出是家庭固定资产投资和折旧总额。家庭B的资本支出非常小，频率很低，因此从研究中略去。观察的单位是每户每月，从1999年1月至2002年12月共计48个月。括号里是标准误。*在10%水平下显著；**在5%水平下显著；***在1%水平下显著。

---

① 另一种解释是家庭A消费具有较高收入弹性的物品。
② 我们在第6章中对投资-现金流敏感性进行了更多的分析。

5.4　融资和流动性管理

从5.3节得知，家庭会在一定程度上平滑消费和投资赤字。本书进一步探究家庭平滑消费和投资赤字的方式，并量化融资机制的使用情况，包括内部（如现金与储蓄）和外部（如债务与礼品）。在本节中，我们通过方差分解来分析这个问题。本书重点关注处理现金流赤字的融资机制和手段，因此本节主要研究收入现金流的度量。下一节探讨财富（权益）管理和积累。

我们运用方差分解来分析赤字融资。通过方差分解来检验财政赤字与每个融资手段是否相互影响。我们透过现金流量表查看家庭预算特征，如公式（2-1）所示，下文将进行讨论。令

$$D \equiv F_1 + F_2 + \cdots + F_n$$

其中D是赤字，是F_i特定的融资方式。因此，从左右两侧减去平均值，

$$D_t - \bar{D} \equiv \left[F_{1,t} - \bar{F}_1 \right] + \left[F_{2,t} - \bar{F}_2 \right] + \cdots + \left[F_{n,t} - \bar{F}_n \right]$$

即

$$\sum_t \left[D_t - \bar{D} \right]^2 \equiv \sum \left[F_{1,t} - \bar{F}_1 \right] \left[D_t - \bar{D} \right] + \sum \left[F_{2,t} - \bar{F}_2 \right] \left[D_t - \bar{D} \right] + \cdots + \sum \left[F_{n,t} - \bar{F}_n \right] \left[D_t - \bar{D} \right]$$

$$Var(D) \equiv Cov(D, F_1) + Cov(D, F_2) + \cdots + Cov(D, F_n)$$

最后得到

$$1 \equiv \frac{Cov(D, F_1)}{Var(D)} + \frac{Cov(D, F_2)}{Var(D)} + \cdots + \frac{Cov(D, F_n)}{Var(D)} \tag{5-2}$$

赤字的变化可分解为多个组成部分，其中每个组成部分是赤字和特定融资机制之间的共同变化。这些变量的构建方式是，如果因子有助于平滑，则协方差为正，即增加的赤字与借款增加、储蓄账户减少等相关。另外，从公式（5-2）中也可以看出，赤字与机制之间的协方差，除以赤字的标准差，总和为1。这里，标准化协方差衡量了融资机制对赤字变化的影响[①]。最后，我们可以从公式（5-1）得到任何赤字测度的分解，即$C + I - Y$，将每个组成因子分开，消费赤字$C - Y$的部分可通过资产出售进行融资，投资赤字$I - Y$的部分可通过减少消费来融资。

表5-7显示，相对富裕的家庭A几乎完全采用减少（或增加）持有现金的方式来为现金预算赤字（或盈余）融资。华富里府的许多家庭也是如此，但家庭A更加明显，高于府的第三个分位数水平。诸如减少金融机构存款、信贷协会（ROSCA）储蓄与信贷协会的净存款和借款等其他因素对融资影响都很小（不到1%）。礼品的影响实际上是负的，就像是家庭的每月结余。关于净礼品的负向影响和现金影响程度大于100%，可能的解释是，礼品和现金持有在现金管理中高度相关——家庭支出现金不仅用于赤字融资，也用于馈赠他人礼品。稍后我们将再次探讨该问题。值得注意的是，对于华富里府的其他家庭，礼品和借款数额相对较大，并常显示为正值。如前文推测，较小一部分的

---

① 这种方法类似于Asdrubali, Sorrensen和Yosha (1996) 讨论到的方法。每个分量也是F对D的回归系数。

投资是通过降低消费来融资的，消费赤字并不能通过减少资本投入来融资，即二者协方差为负。

表5-7 消费和投资赤字的方差分解

$\frac{Cov\,(D,\,F)}{Var\,(D)}$	家庭A [第一，第二，第三的府分位数]			家庭B [第一，第二，第三的府分位数]
	$C+I-Y$	$C-Y$	$I-Y$	$C-Y$
金融机构存款降低	0.75 [-0.14, 0.05, 2.31]	0.82 [-0.12, 0.08, 3.02]	0.70 [-0.02, 0.12, 2.91]	0.19 [-0.19, 0.01, 0.33]
ROSCA净额头寸减少	0.27 [0.00, 0.00, 0.00]	0.94 [0.00, 0.00, 0.00]	0.28 [0.00, 0.00, 0.00]	0.00 [0.00, 0.00, 0.00]
贷款	-0.05 [0.00, 0.00, 0.00]	-0.10 [0.00, 0.00, 0.00]	-0.05 [0.00, 0.00, 0.00]	0.00 [0.00, 0.00, 0.00]
借款	0.58 [-0.02, 3.47, 13.94]	2.87 [-0.82, 1.82, 13.74]	0.75 [-0.10, 3.28, 13.70]	8.84 [-0.16, 2.72, 14.51]
收到的净礼品	-2.05 [-0.08, 1.48, 12.17]	-7.01 [-0.48, 1.11, 12.19]	-2.34 [-0.25, 0.88, 6.73]	13.00 [0.11, 8.27, 24.55]
持有现金减少	100.49 [64.58, 85.54, 98.92]	109.20 [71.33, 95.76, 117.61]	96.54 [64.89, 84.82, 98.52]	77.97 [49.94, 78.84, 93.99]
固定资产减少	—	-6.72 [-20.31, -3.88, 1.16]	—	—
（负）消费支出	—	—	4.12 [-0.95, 0.37, 3.19]	—
总计	100	100	100	100

备注：数字以百分比显示。关于赤字的定义，C表示消费支出，即不是对家庭生产的产品的消费，必须是从家庭外获得的产品的消费。I表示资本支出、折旧总额；Y表示生产的现金流。家庭B的资本支出非常小，频率很低，因此从研究中省去。数字以百分比表示。观测单位是每户每月，涵盖48个月，从1999年1月到2002年12月。家庭A的府分位数由华富里府的164户家庭计算而来。家庭B的府分位数由四色菊府的148户家庭计算而得。

对于相对贫困的家庭来说，实际上没有固定资产投资，所以我们仅关注消费赤字 $C-Y$。家庭B的预算融资图表显示了一些多样性。现金依然以78%的相关性占主导地位，为全府典型。礼品和借款数额更大，分别达到13%和9%，比府级中位数大，虽然该府的其他家庭住户显然也在使用债务。债务和礼品在四色菊府比华富里府更常见。在这个意义上，家庭B不是自给自足的，而是积极地参与信用市场。当把债务视为流动性（作为现金流量表中的融资现金流量赤字）时，有限债务被视为股票（作为资产负债表中的家庭负债）的情况即被改变。

如果各种融资机制相互关联，则这些数字可能会给人们带来误导。家庭住户可能会发现一些融资方式是非常接近的替代品，增加一种方式的融资，同时减少另一种方式，会使单独考虑一种方式呈现相反的负号。事实上，家庭可能只是简单地改变资产和负债，而与当前的赤字没有任何直接的关系。融资机制之间的相关性很容易从财务报表中计算出来。具体来说，我们发现，对于家庭A而言，金融机构存款减少与借款之间的相关系数为-0.44（在1%水平下显著）。

也就是说，当这个家庭借款时，它增加了在金融机构的存款（和/或从这些存款中偿还贷款）。任何交易都不一定与目前的预算赤字有关。此外，家庭A在收到大量礼品时往往会减少借款，导致为-0.25的负相关性（在10%水平下显著），而如果在此期间出现预算赤字，可以想象二者都会一起变动，并呈现正的相关性。最后，当家庭成员收到礼品时，他们倾向于以现金持有的形式增加手头现金量，其对家庭A的相关系数为-0.4，对家庭B的相关系数为-0.53（两户家庭均在1%水平下显著）。

这些相关性影响我们的方差分解计算。我们可以通过进一步方差分解来分析其效果。基于 $D \equiv F_1 + F_2 + \cdots + F_n$ 的事实，公式（5-2）意味着

$$1 = \frac{\text{Var}(F_1)}{\text{Var}(D)} + \frac{\text{Var}(F_2)}{\text{Var}(D)} + \cdots + \frac{\text{Var}(F_n)}{\text{Var}(D)} + \frac{\text{Cov}(F_2, F_1)}{\text{Var}(D)} + \frac{\text{Var}(F_2)}{\text{Var}(D)} + \cdots +$$

$$\frac{\text{Cov}(F_2, F_n)}{\text{Var}(D)} + \cdots + \frac{\text{Cov}(F_n, F_1)}{\text{Var}(D)} + \frac{\text{Var}(F_2)}{\text{Var}(D)} + \cdots + \frac{\text{Cov}(F_n, F_2)}{\text{Var}(D)} \tag{5-3}$$

表5-8给出了对消费加投资的总体现金赤字进行分解的示例。最右边的列复制了表5-7（带有舍入误差）、行中的元素、标准化的相关性，以及最后一列中的数字加总等信息。为了理解这个表格，我们以家庭B收到的净礼品为例。该表格的板块B显示，这个家庭收到的净礼品以（标准化）57%的方差波动，超过了（标准化）协方差为13%的礼品和赤字的变动，如最右栏的数据显示。我们的解释是，礼品的大部分波动体现为现金持有的变动，达43%，而不是用作赤字融资。

表5-8　　　　　　　　　　　　　消费和投资赤字的方差分解

Cov (F_i, F_j) Var (D)	金融机构存款降低	ROSCA净额减少	贷款	借款	收到的净礼品	持有现金减少	Cov (D, F_i) Var (D)
板块A: 家庭A [第一，第二，第三的府分位数]							
金融机构存款降低	0.49 [0.02, 1.27, 8.07]	-0.01	0.00	-0.37	0.02	0.62	0.75
ROSCA净额减少	-0.01 [0, 0, 0]	0.22 [0, 0, 0]	0.00	-0.06	-0.02	0.15	0.27
贷款	0.00 [0, 0, 0]	0.00 [0, 0, 0]	0.00 [0, 0, 0]	0.00	0.00	-0.05	-0.05
借款	-0.37 [-0.62, -0.01, 0]	-0.06 [0, 0, 0]	0.00 [0, 0, 0]	1.43 [3.82, 13.62, 38.99]	-0.16	-0.25	0.58
收到的净礼品	0.02 [-0.16, 0, 0.11]	-0.02 [0, 0, 0]	0.00 [0, 0, 0]	-0.16 [-0.16, 0.03, 0.80]	0.29 [0.78, 5.10, 43.22]	-2.18	-2.05
持有现金减少	0.62 [-2.78, -0.12, 0.05]	0.15 [0, 0, 0]	-0.05 [0, 0, 0]	-0.25 [24.25, -4.19, 0.06]	-2.18 [-24.80, -3.20, -0.26]	102.20 [87.51, 108.39, 193.89]	100.49
总计							100

Cov (F_i, F_j) Var (D)	金融机构存款降低	ROSCA净额减少	贷款	借款	收到的净礼品	持有现金减少	Cov (D, F_i) Var (D)
板块B：家庭B [第一，第二，第三的府分位数]							
金融机构存款降低	0.07 [0.02, 0.31, 9.49]	0.00	0.00	0.00	-0.03	0.15	0.19
ROSCA净额减少	0.00 [0, 0, 0]	0.00 [0, 0, 0]	0.00	0.00	0.00	0.00	0.00
贷款	0.00 [0, 0, 0]	0.00 [0, 0, 0]	0.00 [0, 0, 0]	0.00	0.00	0.00	0.00
借款	0.00 [-6.09, -0.08, 0]	0.00 [0, 0, 0]	0.00 [0, 0, 0]	6.13 [9.10, 24.09, 51.67]	-1.11	3.82	8.84
收到的净礼品	-0.03 [-0.05, 0.01, 0.24]	0.00 [0, 0, 0]	0.00 [0, 0, 0]	-1.11 [-1.81, -0.763, 1.28]	56.86 [11.57, 48.69, 160.16]	-42.73	13.00
持有现金减少	0.15 [-1.44, -0.03, 0.13]	0.00 [0, 0, 0]	0.00 [0, 0, 0]	3.82 [-36.37, -13.27, -2.25]	-42.73 [-127.83, -28.60, -3.42]	116.73 [101.40, 132.98, 251.95]	77.97
总计							100

备注：数字以百分比显示。赤字 $D = C + I - Y$，其中 C 为消费支出，I 为资本支出，没有扣除折旧，Y 是生产的现金流量。家庭A的府四分位数来自华富里府的164户家庭。家庭B的府四分位数来自四色菊府的148户家庭。由于矩阵是对称的，因此我们不报告主对角线上方对角元素的府四分位数。

类似地，对于家庭A，未偿贷款减少与金融机构存款减少负相关，贷款给其他家庭和贷款给机构这两者几乎是可以互相替代的，所以其无法消减赤字。如上所述，家庭A的借款与赤字变动正相关数值较小的部分原因是存款和借款之间存在负相关性。我们还报告了该府其他家庭的四分位数列表，这种负相关和负向资产替代十分普遍。

最后，我们再次提醒读者，方差分解是基于各种交易的现金流量而不是基于收益率。因此，我们的分析不会因忽略了人力资本或其他无形资产而低估总资产和净资产。

5.5 财富管理

在上一节中，我们研究了家庭使用各种不同方式来为其现金短缺（现金流量赤字）融资。也就是，我们研究家庭如何进行流动性管理。在本节中，我们转而谈到另一个相关而又不同的问题：当家庭从节省的净收入和收到的礼品中积累（或变现）财富时，它们如何管理其资产和负债构成。这类似于公司根据其股权进行的资产和负债管理（留存收益和新股问题）。

我们依然使用方差分解研究家庭投资组合管理。主要区别是，我们不关注家庭财富积累（净收入的留存收益加上收到的净礼品）以及不同类型家庭资产负债头寸变化（如资产负债表所示）的相关性。

与上一节分析的流动性管理不同，财富积累可能反映为任何类型的资产或负债的变化，包括贸易信贷（应收账款与应付账款）和存货。贸易信贷和存货的变化与现金流无关，或已经是生产现金流的一部分，因此上一节不作考虑。以应付账款的方式购买投入品不涉及现金，不需要用现金支付。事实上，这类交易不纳入现金流约束公式。以应付账款支付时，它已经包含在现金流量约束中生产现金流量的度量之中。同样，以应收账款方式出售的物品尚未产生现金支付。当收到应收账款时，它已经包含在受现金流约束的生产现金流度量中了。

我们应特别注意库存变化。如第4章所述，我们将存货变动视为产生利润（或损失）的活动。因此，它们已经被包括在生产现金流之中。这适用于非缓冲库存家庭。由于存货是家庭资产的一部分，因此存货的变动是家庭资产管理的一部分。我们再次强调，将存货变动列为生产现金流的处理方式在某种程度上是主观设定的。对于缓冲库存家庭，存货变动可视为融资现金流，类似于我们对存款账户的处理方式。在这种情况下，存货变化既可以被视为现金流量预算赤字的融资机制，也可以看作是投资组合管理中家庭资产的变化。

根据家庭A和B资产负债表的信息，表5-9表明，对股权变动的投资组合管理实际上放大了家庭A的现金使用率，使其增至112%，在华富里府大多数家庭的分布中向上移动，而投资组合管理减少了家庭B的现金使用率，使其降至55%，在四色菊府大多数家庭的分布中向下移动。存货变化是家庭A的一个重要机制，占19%，比华富里府的其他家庭高。存货也是家庭B积累财富的普遍方式，仅次于现金。

表5-9 　　　　　　　　　　方差分解财富积累为不同类型的资产和负债的变化

	家庭A ［第一，第二，第三的府分位数］	家庭B ［第一，第二，第三的府分位数］
持有现金变化	111.67 ［72.66，95.11，108.24］	55.09 ［4.91，10.70，29.50］
应收账款变动	−3.88 ［0.00，0.00，0.00］	0.00 ［0.00，0.00，0.00］
金融机构存款变动	2.59 ［−0.19，0.01，3.09］	0.12 ［−0.17，0.00，0.29］
ROSCA净额变动	0.98 ［0.00，0.00，0.00］	0.00 ［0.00，0.00，0.00］
其他贷款	−0.10 ［0.00，0.00，0.00］	0.00 ［0.00，0.00，0.00］
存货变化	18.64 ［−6.80，0.22，9.04］	35.80 ［1.23，10.70，29.50］
牲畜资产变化	2.63 ［−0.07，0.00，1.31］	0.05 ［−0.80，0.02，2.73］
固定资产变化	−20.30 ［−1.47，0.04，2.23］	3.21 ［−0.09，0.22，5.09］
应付账款变化	−15.49 ［0.00，0.00，0.00］	0.00 ［0.00，0.00，0.04］
其他借款	3.26 ［−1.73，8.77，22.16］	5.74 ［−2.67，0.65，4.21］
总计	100	100

备注：数字以百分比显示。观测单位是家庭/月份，涵盖48个月，从1999年1月至2002年12月。财富积累定义为本期总财富与上一期的差额。资产和负债变动按会计年份来确定，所有资产和负债变动的总和与财富总额的变化相同。例如，财富的减少与现金持有量减少或借款增加相对应。家庭A的府四分位数基于华富里府164户家庭的计算。家庭B的府四分位数基于四色菊府148户家庭的计算。

家庭 A 在金融机构的存款利率约为3%，大于该府其他家庭存款利率的中位数。家庭 B 按6%的利率借款，超过了府内大多数家庭。最后，应收账款对家庭 A 的财富有很大的负向影响，对固定资本亦有很大的负向影响。令人惊讶的是，家庭 A 的财富增加显示在现金上远大于固定的非流动资产。

净资产价值变动中大量使用现金的现象可以通过对资产置换和互补性的分析来进行部分解释。相关数据列于表5-10。例如，对于两户家庭，特别是家庭 A，固定资产和现金之间负相关（对于每个家庭来说，这个值比全府其他地方略大），贸易信贷（应收账款与应付账款）和现金之间也是负相关。

表5-10　　　　　　　　　　方差分解财富积累为不同类型的资产和负债的变化

面板A：家庭A［第一，第二，第三的府四分位数］

	A	B	C	D	E	F	G	H	I	J	Total
A	461.44	-12.99	3.22	1.09	-0.23	27.63	-3.26	-313.44	-50.68	-1.11	111.67
	[111, 207, 313]										
B	-12.99	22.76	-1.41	-0.22	0.01	1.37	-1.05	-6.78	-5.42	-0.17	-3.88
	[0, 0, 0]	[0, 0, 0]									
C	3.22	-1.41	2.26	-0.07	0.01	0.16	0.68	-2.29	1.75	-1.71	2.59
	[-6, 0, 0]	[0, 0, 0]	[0, 2, 15]								
D	1.09	-0.22	-0.07	1.01	0.00	0.29	-0.37	0.10	-0.56	-0.30	0.98
	[0, 0, 0]	[0, 0, 0]	[0, 0, 0]	[0, 0, 0]							
E	-0.23	0.01	0.01	0.00	0.02	-0.25	-0.01	0.08	0.29	-0.01	-0.10
	[0, 0, 0]	[0, 0, 0]	[0, 0, 0]	[0, 0, 0]	[0, 0, 0]						
F	27.63	1.37	0.16	0.29	-0.25	24.39	-0.49	-15.60	-19.43	0.58	18.64
	[-108, -10, 0]	[0, 0, 0]	[-1, 0, 0]	[0, 0, 0]	[0, 0, 0]	[3, 24, 112]					
G	-3.26	-1.05	0.68	-0.37	-0.01	-0.49	3.94	1.29	2.33	-0.43	2.63
	[-5, 0, 0]	[0, 0, 0]	[0, 0, 0]	[0, 0, 0]	[0, 0, 1]	[-1, 0, 0]	[0, 0, 10]				
H	-313.44	-6.78	-2.29	0.10	0.08	-15.60	1.29	304.41	10.51	1.40	-20.30
	[-13, -2, 0]	[0, 0, 0]	[0, 0, 0]	[0, 0, 0]	[0, 0, 0]	[-8, 0, 0]	[0, 0, 0]	[1, 9, 45]			
I	-50.68	-5.42	1.75	-0.56	0.29	-19.43	2.33	10.51	47.31	-1.61	-15.49
	[0, 0, 0]	[0, 0, 0]	[0, 0, 0]	[0, 0, 0]	[0, 0, 0]	[0, 0, 0]	[0, 0, 0]	[0, 0, 0]	[0, 0, 0]		
J	-1.11	-0.17	-1.71	-0.30	-0.01	0.58	-0.43	1.40	-1.61	6.62	3.26
	[-39, -5, 0]	[0, 0, 0]	[0, 0, 0]	[0, 0, 0]	[0, 0, 0]	[0, 0, 0]	[0, 0, 0]	[-2, 0, 0]	[0, 0, 0]	[4, 23, 74]	
Total											100

A=现金持有变动，B=应收账款变动，C=金融机构存款变动，D=ROSCA 净头寸变动，E=其他贷款，F=存货变动，G=牲畜资产变动，H=固定资产变动，I=应付账款变动，J=其他借款

备注：见面板B备注。

面板B：家庭B [第一，第二，第三的府四分位数]

	A	B	C	D	E	F	G	H	I	J	Total
A	57.54	0.00	0.07	0.00	0.00	2.51	-2.11	-4.82	0.00	1.88	55.09
	[87, 119, 149]										
B	0.00	0.00	0.00	0.00	0.00	0.00	0.00	0.00	0.00	0.00	0.00
	[0, 0, 0]	[0, 0, 0]									
C	0.07	0.00	0.04	0.00	0.00	-0.01	0.01	0.01	0.00	0.00	0.12
	[-1, 0, 0]	[0, 0, 0]	[0, 0, 0]								
D	0.00	0.00	0.00	0.00	0.00	0.00	0.00	0.00	0.00	0.00	0.00
	[0, 0, 0]	[0, 0, 0]	[0, 0, 0]	[0, 0, 0]							
E	0.00	0.00	0.00	0.00	0.00	0.00	0.00	0.00	0.00	0.00	0.00
	[0, 0, 0]	[0, 0, 0]	[0, 0, 0]	[0, 0, 0]	[0, 0, 0]						
F	2.51	0.00	-0.01	0.00	0.00	31.97	-0.98	1.83	0.00	0.47	35.80
	[-35, -12, -2]	[0, 0, 0]	[0, 0, 0]	[0, 0, 0]	[0, 0, 0]	[11, 30, 72]					
G	-2.11	0.00	0.01	0.00	0.00	-0.98	3.14	-0.09	0.00	0.07	0.05
	[-7, -1, 0]	[0, 0, 0]	[0, 0, 0]	[0, 0, 0]	[0, 0, 0]	[-1, 0, 0]	[1, 3, 12]				
H	-4.82	0.00	0.01	0.00	0.00	1.83	-0.09	5.98	0.00	0.29	3.21
	[-3, 0, 0]	[0, 0, 0]	[0, 0, 0]	[0, 0, 0]	[0, 0, 0]	[0, 0, 1]	[0, 0, 0]	[0, 2, 19]			
I	0.00	0.00	0.00	0.00	0.00	0.00	0.00	0.00	0.00	0.00	0.00
	[0, 0, 0]	[0, 0, 0]	[0, 0, 0]	[0, 0, 0]	[0, 0, 0]	[-1, 0, 1]	[0, 0, 0]	[0, 0, 0]	[0, 0, 0]		
J	1.88	0.00	0.00	0.00	0.00	0.47	0.07	0.29	0.00	3.03	5.74
	[-25, -9, -1]	[0, 0, 0]	[-5, 0, 0]	[0, 0, 0]	[0, 0, 0]	[0, 0, 0]	[-1, 0, 1]	[0, 0, 0]	[0, 0, 0]	[5, 20, 48]	
Total											100

A=现金持有变动，B=应收账款变动，C=金融机构存款变动，D=ROSCA净头寸变动，E=其他贷款，F=存货变动，G=牲畜资产变动，H=固定资产变动，I=应付账款变动，J=其他借款。备注：数字以百分比表示。观测单位是家庭月份，涵盖48个月，从1999年1月至2002年12月。财富积累定义为本期总财富与上期的差额。资产和负债变动按会计年份来确定，所有资产和负债变动的总和与财富总额的变化相同。例如，减少财富对应于现金持有量减少或借款增加。家庭A的府四分位数基于华富里府164户家庭的计算。家庭B的府四分位数基于四色菊府148户家庭的计算。

5.6　结论

分析两个案例家庭和相应府其他家庭的研究结果有助于我们更好地了解"汤森泰国月度调查"中家庭的财务状况。

各类家庭的平均资产收益率分布较分散。相对贫困的家庭似乎收益率较高。对于一些家庭来说，资产收益率可能很大程度上不同于家庭的股本或净资产收益率，特别是对于债务率较高的家庭而言。对于其他家庭来说，资产收益和财富收益之间的微小差异表明债务水平相对较低，可能是因为信贷市场不完善，或者这些家庭不愿意借款。当减去家庭劳动力的估算机会成本时，资产收益率急剧下降。一些家庭仍保持很高的收益率。如果一个家庭的收益与村庄平均值高度相关，进一步根据CAPM调整风险溢价将降低该家庭在村里横向分布情况下的收益率相对排名位置。贫困家庭的风险调整收益似乎高于富裕家庭。

收入波动较大。现金流量变动很大，远远超过应计收入的变动。然而，消费更平稳，特别是对于家庭用品的消费，平滑性得到证实。消费与现金或应计收入之间的相关性小于一致性，并往往较低。有些家庭的消费行为似乎更多地基于应计净收入，而不是现金流，因为应计收入与消费的相关性高于现金流与消费的相关性。其他家庭的消费，对以现金流形式而非应计净收入形式的流动性更为敏感。大多数家庭的投资或资本支出通常与同期的净收入不相关或负相关（但下一章结果表明资本支出与资产未来收益高度相关，表明样本家庭具有前瞻性和理性预期）。一些家庭的消费与投资负相关，表明这些家庭可能通过出售其资产来为其消费融资，或通过减少其消费来为其投资融资。

融资方面，现金用于补充消费和减少投资现金流赤字。在欠发达的府，很大一部分家庭使用礼品和借款融资。大部分金融交易与现金流预算赤字没有明显关系。例如，对于个案研究家庭来说：借款作为一种财政储蓄被列入存款；收到礼品会导致借款减少；礼品作为现金持有。

对于财富管理，家庭的股权增加与较发达府的现金增长有关，对于案例家庭来说，这部分归因于投资组合中现金与其他资产之间的可替代性，部分原因在于事实上应付账款和固定资产增加与净值增长呈负相关。对于较贫穷府的家庭而言，存货变动似乎是财富管理的一个重要部分。

总而言之，本章的结果表明，样本中的家庭从事较为可观的金融交易。它们的融资、流动性和财富管理往往很复杂。我们希望，为这些家庭建立的财务报表能以相对简单但清晰的方式，帮助我们解释这些复杂的现象，并得出一些显著的结论。即使调整了家庭劳动力和风险溢价，我们仍然发现：样本中的一些家庭似乎也具有较高的资产收益率；许多家庭的债务很低；消费随（现金或应计）收入波动；现金是为预算赤字融资的主要途径。这些都表明，样本家庭可能面临流动性约束。为了实证检验这个假设，我们将在下一章中进行更严格的实证分析。

第6章 应用：流动性约束、亲属网络和家庭投资的融资

第5章通过分析两个案例家庭，介绍了如何从家庭调查构建的财务报表中进行各种简单的财务分析。虽然案例研究方法为我们提供了关于这两个家庭财务状况和行为的生动解释，但是我们仍然对案例家庭的调查结论是否可以应用于调查中的其他家庭存有疑问。本章采用了另一种方法，将家庭财务报表的框架应用在对一组样本量更大的抽样农村家庭行为分析上。

具体来说，我们考察了流动性约束和家庭固定资产投资的融资。我们发现，样本中的农村家庭，特别是贫穷的家庭，似乎面临流动性约束问题。村里的亲属关系网络在一定程度上缓解了这些约束。进一步分析礼品和借款交易数据，我们发现，贫困家庭之间的亲属关系效应可能体现在礼品和借款上，富裕家庭之间更可能体现在礼品而不是借款上。根据使用现金存量与现金流量之间的会计差异，我们发现富裕家庭从以前累积的现金中为投资融资，也就是使用内部产生的资金进行投资，是啄序理论提到的关于存在约束的征兆。因此我们认为，尽管投资-现金流敏感性意味着存在流动性约束，但相反情况下不能保证成立。

最后，我们分析了一些能够证实该推断的证据，即关系效应可能来自直接渠道（村里人的礼品和借款）和间接渠道（作为网络一部分的质量信号）。

以上发现能够应用于诸多方面。第一，关于企业固定资产投入的理论研究和实践已经有广泛的发展。在将家庭视为公司建立财务报表的基础上，本节将展示发展经济学如何借鉴企业金融研究的理论框架和实证方法，并将其应用于家庭行为研究之中。第二，我们阐明了家庭财务报表中的详细项目对投资融资分析的作用。第三，我们强调高频数据与流动性约束的研究息息相关。第四，我们指出，在家庭和村级调查中收集到的非财务信息可以纳入对家庭融资行为的分析中。

本章的研究在很多方面对相关领域研究做出了贡献。首先，与现有文献相一致，我们发现，样本中农村家庭似乎面临流动性约束，这些约束被亲属关系网效应部分缓解了。其次，与预期相符，我们将对使用投资-现金流敏感性分析来衡量流动性约束这一方法进行评价。

本章安排如下，第6.1节讨论了有关投资和流动性约束的文献。第6.2节重新回顾了"汤森泰国月度调查"，我们将其作为样本，讨论了变量的构建。第6.3节介绍关键变量

的描述性统计。第6.4节介绍投资、流动性约束和家庭财富的实证结果。第6.5节研究亲属关系网络对流动性约束的影响。第6.6节使用方差分解法分析投资融资机制。最后，第6.7节是经验总结。

6.1 投资和流动性约束

关于投资及融资的公司金融文献很多[①]。Modigliani 和 Miller（1958）表明，在一个无摩擦、完善的资本市场中，资本被有效地分配：资本的边际产出收益在所有的经济项目中均相等。由 Tobin（1969）提出并被 Hayashi（1982）改进的 q-理论方法重新调整了新古典主义投资理论，指出在完美的资本市场下，企业的投资只能取决于如其 q 值所衡量的营利能力。公司的资产流动性不应影响其投资行为。

然而，在信息不对称或存在交易成本的现实世界里，内部和外部的金融财务状况并不是完美的替代品。使用外部资金可能比使用内部资金（例如来自生产的现金流）的成本更高。例如，Myers 和 Majluf（1984）与 Greenwald，Stiglitz 和 Weiss（1984）提出，发行新股票对公司来说可能成本较高。Stiglitz 和 Weiss（1981）指出，一些拥有很好投资机会的公司不能获得贷款来为其项目融资。

自从 Fazzari，Hubbard 和 Petersen（1988）的开创性工作以来，关于流动性约束对投资影响的研究与日俱增。这些研究对企业经营现金流的投资进行回归分析，控制一些代表其未来营利能力的指标，比较了不同类型企业之间现金流变量的回归系数。研究发现，对于（例如，按规模、年龄或股息支付）被先验定为可能会受到流动性约束的企业来说，投资对现金流的敏感性大于被划分为流动性不受约束的公司。这类投资-现金流敏感性研究认为，流动性约束的公司必须更多地依赖自己的内部资金。因此它们的投资对经营现金流的流动性更为敏感。[②③]

在本章讨论中，我们重点关注家庭固定资产，这些固定资产需要通过家庭投资或资本支出来获得和维持。类似于企业投资，家庭固定投资可以通过内部或外部融资来获得。家庭的内部资金包括生产产生的现金流和将其他资产（持有的现金存量、金融机构

[①] 这种方法类似于 Asdrubali，Sorrensen 和 Yosha（1996）讨论到的。

[②] 这里，每个分量也是 F 对 D 的简单回归系数的方法一直备受争议。Kaplan 和 Zingales（1997,2000）在理论上指出，在实证考察中投资对现金流敏感性较高的企业不一定是受信贷约束程度较高的企业。换句话说，尽管流动性约束意味着公司投资对现金流量的一阶导数是正的，但流动性约束程度的交叉二阶导数的符号不明确。实际上，他们根据每家公司的年度报告和管理层对流动性的讨论，对 Fazzari，Hubbard 和 Petersen 的低股息公司进行了重新分类。他们发现，在财务上似乎较少受约束的公司对现金流的投资敏感度要高于受到更多约束的公司。请参见 Kaplan 和 Zingales（1997,2000）与 Fazzari，Hubbard 和 Petersen（2000）论文中的细节。至于我们样本中无约束的家庭是否受到更多约束的问题，我们留待在未来的工作中加以考察。

[③] Hubbard（1998）提供了对这一方向文献的研究。Banerjee 和 Duflo（2008）提出了另一种直接测试企业财务约束的方法。他们的研究基于企业是否对定向贷款计划的变化做出反应，来判断该企业是否受到信贷约束。基本思想是，受约束和不受约束的公司皆有可能愿意吸收所有可以获得的有针对性的信贷（因为它可能比其他信贷来源便宜），但是有财务约束的企业会利用它来扩大生产，而无约束的企业将主要用它来代替其他借款。

的存款等）折算转化为固定资产。外部资金可以来自借款和礼品。正如我们之前在本书中所论述的，发展中国家的许多家庭从事农业和非农业的生产活动，这些活动需要固定资产，也需要诸如劳动力的其他投入作为生产要素。因此，家庭面临类似于企业的投资决策和制约因素。具体来说，我们预计当资产收益率高时，家庭会增加投资。与此同时，家庭投资可能受到该家庭流动性状况的制约，这些家庭被迫依靠内部资金来为资本支出融资。

6.2 数据

本章中使用的数据来自第 3 章详细介绍的"汤森泰国月度调查"。本章中的研究基于自第 5 个月开始的共 84 个月的全部样本。84 个月是 1999 年 1 月至 2005 年 12 月。样本包括了调查的 16 个村庄的 531 户家庭[①]。

6.2.1 人口和亲属关系变量

人口信息来自家庭构成问卷。问卷项目包括家庭成员总数以及每个成员的姓名、性别、与家庭户主的关系、年龄和受教育程度。某人如果在过去 30 天内至少有 15 天在家中休息，即被认为是特定家庭的成员。关于年龄、性别和受教育程度的信息被用来估算每个家庭成员的劳动收入，如本节下文所述。

亲属关系网络是根据关系密切的家庭亲属的信息构建的，这些亲属不属于家庭成员。在对每户家庭的调查中，调查者会询问家庭的亲属是否仍然在世并生活在村内。调查问卷中的亲戚包括户主的父母和兄弟姐妹，户主配偶的父母和兄弟姐妹，以及户主的儿女。对于这些亲属，调查还再次询问该人是否在世，以及该人在哪里生活，即在初次村民普查中记录的住宅地址编码。据此我们为每个村庄建立了一个亲属关系网络图。

图 6-1 显示了两个网络地图，面板 A 来自北柳府某村庄，面板 B 来自四色菊府某村庄。地图上每个节点的数字代表村里一个家庭的结构编号。两个节点之间的连线意味着这两个家庭存在亲属关系。由于本章我们关注的是居住在同一村的亲属，所以我们的网络地图应被视为当地亲属关系小组的一个例证。从图 6-1 可以看出，北柳府的样本村有多个不太密集的当地亲属网络，而四色菊府的样本村内几乎所有（尽管不是全部）的家庭都有来自同一大家庭的亲属居住在同一个村庄。在实证分析中，我们为每个家庭构建了一个网络虚拟变量，如果家庭属于（任何）本地亲属关系网络，则其值为 1，否则等于零。我们不能单独查看每个网络，因为一些村庄的密集网络会让我们对控制了村庄固定效应的回归造成识别问题。这种基于亲属关系的网络的主要优点之一在于它很大程度上对于每个家庭来说是外生的，参加或从属于某个网络的决定较少受自我选择的影响，更多是因为这些家庭属于联合责任小组或轮流储蓄和信贷协会（ROSCA）的会员。

[①] 请注意,本章所列家庭数量小于调查中的家庭总数,因为我们将研究限制在 84 个月内始终存在于样本中的家庭。

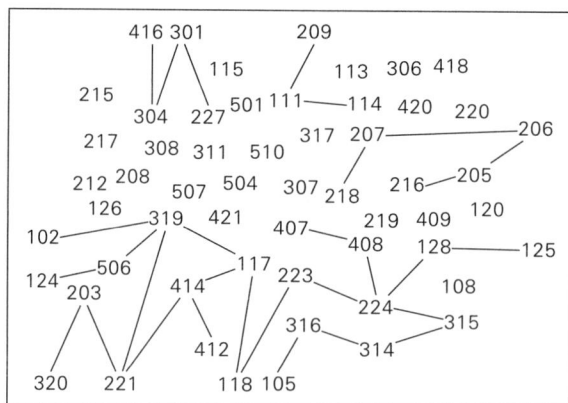

面板A：北柳府某村庄

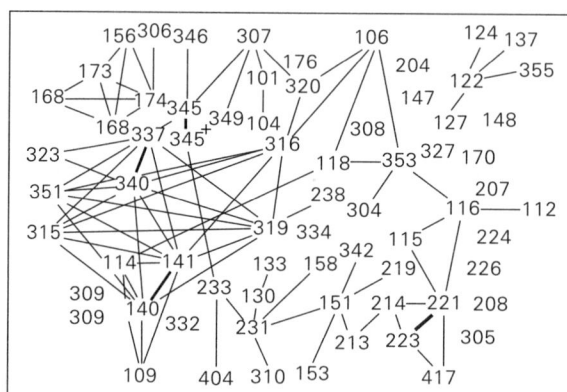

面板B：四色菊府某村庄

图6-1　亲属网络示例

备注：用数字表示的每个节点代表村里的一个家庭。两个节点之间的直线表示两个家庭之间的亲属关系。网络地图中的节点的位置与每个家庭的实际地理位置并不对应。

6.2.2　财务变量

本章实证分析中使用的大部分数据来自家庭财务报表。这些报表是根据本书前几章所述的方法构建的。本节将讨论如何使用财务报表中的行项目来计算本章实证分析中使用的每个变量。

固定资产：在家庭财务报表中，固定资产记录在资产负债表的资产方。汤森泰国月度调查将固定资产划分为家庭固定资产、农业固定资产、工商业固定资产、土地和其他固定资产四大类。家庭固定资产包括沙发、电视、录像机、空调、普通电话、手机、冰箱、缝纫机、摩托车、汽车、皮卡车、长尾船、大型渔船、洗衣机、电熨斗、燃气灶、电饭锅、自行车和立体声音响等。农业固定资产包括拖拉机、曝气机、洒水器、打谷机、碾米机和水泵。工商业固定资产包括用于工商业的机器和设备，例如缝纫机和厨具。土地和其他固定资产包括地块、房屋、农作物仓储建筑物、牲畜建筑物、商业建筑物、其他建筑物、畜栏、井、池塘、水箱、果树和其他树木以及厨房花园。

请注意，固定资产按活动分类，主要是为了访问方便。一些资产被用于多种活动中，我们基于家庭的回答将每项资产的总价值分配到特定活动上。例如，对于为他人提供缝纫服务的家庭而言，缝纫机可以商自两用。当我们询问家庭工商业资产时，如果家庭回答拥有该机器，就将其视为商业资产。类似地，如果家庭回答没有，则缝纫机被视为家庭资产。我们并没有重复记录同一种资产的价值。同样的方法适用于既可用于家用交通也可用于农业生产运输的皮卡车。尽管根据不同的活动分配资产的使用比例是有可能的，但十分困难。[①]在本章中，我们主要关注固定资产总值而不是区分不同类型固定资产的投资。我们这样做是出于以下两个原因。首先，正如刚刚提到的，我们很难对不同类型的资产做出明确的区分。其次，如果我们仅仅关注特定类型资产的投资，那么每种类型投资的回归分析中样本量太少。在条件允许时，本书进行了检验，当我们只使用农业和工商业资产结合的投资时，总的结论没有发生变化。

固定资产投资和生产现金流：投资–现金流量敏感性研究中使用的现金流量即是生产现金流量，在现金流量表中记为现金流入。这是本书使用的变量，也是在文献中衡量流动性的指标。固定资产投资总额在现金流量表中列示为资本性支出。也就是说，投资是家庭财务报表中消费和投资类别下的现金流出。本项目由固定资产（净投资）变动和折旧（重置投资）两部分组成。投资和现金流变量按照家庭每月固定资产的初始金额进行标准化。

衡量未来营利能力：在标准的公司金融文献中，公司的未来营利能力通过托宾 q 值来衡量，通常由公司的账面市值比来代理估算。为了计算这个指标，我们需要知道公司的市场价格，这对于一般的非上市公司而言，特别是对家庭来说是不可获得的。一些研究者使用同期资产收益率（ROA）作为企业未来营利能力的代理变量。但同期资产收益率可能并不包含投资的全部营利能力信息，可能不是长期或平均投资回报的良好指标。实现投资回报一般需要经过几段时期，这也是原因之一。例如，在农作物出售之前，不能实现对农场洒水系统投资的营利回报[②]。

为了获得营利能力的代理变量，我们采用以下步骤计算。首先，ROA 被定义为家庭应计净收入（加利息支出）除以家庭总资产。如第5章所述，我们数据中的净收入包含了人力资本的价值，总资产不包括人力资本。

因此，ROA 往往会高估实物资产的实际收益率。我们解决这个特殊问题的方法是，计算一个排除了家庭人力资本效果的调整后的净收入。第5章讨论过对人力资本的补偿估算。另外，由于我们对固定资产投资的营利能力感兴趣，因而我们使用总固定资产而不是总资产作为收益率计算的分母。

最后，鉴于我们的数据的高频性质，同期的每月 ROA 不是衡量营利能力的一个很

---

①　当我们在本书的第7章讨论问卷设计时，我们阐明了这种改进方法。

②　Schundeln（2003）利用同期资产收益率作为加纳公司未来营利能力的代理变量。他指出了公司营利能力和财务约束的识别问题，并提出了基于结构模型的估计方法。

好指标，不仅是因为它的波动性，而且还因为家庭从投资中获得的收益可能要等几个月后才能实现。对于参与季节性生产过程的家庭尤其如此。为了解决这个问题，我们计算了未来12个月家庭固定资产的平均收益率，并将此变量作为家庭未来营利能力的衡量指标。这里有一个非常强烈的隐含假设是，家庭行为好像是基于对未来营利能力的完美预期。但我们认为这一变量还远远不能完美地衡量家庭在投资时预计的未来营利能力。在控制了实际的和已实现的未来生产力的情况下，目前的现金流量仍可能包含关于未来生产力的信息。选择这个变量是因为传统上用于计算托宾 q 值的"市场价格"在发展中国家的家庭调查中无法获得。

家庭固定投资的融资：除生产现金流外，家庭还可以通过使用各种金融手段为其资本支出融资。本书第5章将这些金融手段分为减少金融机构存款、减少家庭在轮流储蓄和信贷协会中的净头寸、回收贷款、借款、收到的净礼品，以及减少现金持有量。除减少现金持有量外，这些金融手段都被记录在家庭财务报表的现金流量表中，按融资现金流量汇报。现金持有量变化的数量，自然地被记录在现金流量表的底线项目下。

6.3 家庭投资的性质

本节介绍了家庭固定资产投资的一些描述性统计。首先，我们从固定资产规模分布的概括性统计数据入手。其次，我们探讨了正投资事件的时间序列和频率。最后，我们为用于我们分析中的正投资事件提供了概括性统计数据。

6.3.1 资产规模

表6-1中的A组显示了我们样本中家庭的初始固定资产。共有531户家庭。平均每户家庭拥有170万泰铢（THB）的总固定资产[①]。中位数家庭拥有的总固定资产少于平均数家庭总固定资产的1/3，这意味着资产持有量的统计分布是有偏的。大部分固定资产（货币价值）为土地，其次为家用固定资产，如车辆、电视和家具。农业和工商业中使用的生产资产相对较少。如前所述，我们必须注意到不同类型资产之间的区别并不明确。例如，家庭可以在家用和商业目的上使用同一辆卡车。土地也可能同时用作农业及居住地。出于这个原因，本章的分析主要集中在固定资产总额上，而不是特定类型的资产上。

在表6-1中的B组，家庭按初始财富被划分为数量大致相当的三个组。初始财富的定义是1999年1月调查研究开始时家庭的总资产（实物和金融）减去其总负债。最上面一组拥有的固定资产中位数几乎比中间一组高出近四倍，而中间一组拥有的固定资产又是最下面一组的大约六倍多。不同组别的资产分配类型排名顺序相同，即家庭、农业、

---

① 请注意，在调查期间，汇率有所变化。1999年1月份开始数据收集时的汇率为1美元对36~37泰铢。在1999年1月至2005年12月期间，汇率为1美元对36~42泰铢。当我们写这本书时（2008年11月），汇率约为1美元对34泰铢。鉴于这些汇率波动，我们在本书其余章节仅报告当地货币（泰铢）的价值。

工商业和土地及其他固定资产。

表6-1　　　　　　　　　　　　　　　家庭初始固定资产

变量	家庭数量	平均数	标准偏差	第25百分位数	中位数	第75百分位数
A组：整体样本						
家庭固定资产	531	129 116	322 405	18 587	50 552	97 703
农业固定资产	531	48 354	137 977	0	7 179	57 154
工商业固定资产	531	28 924	396 591	0	0	0
土地及其他固定资产	531	1 450 034	6 662 915	75 000	400 000	946 000
固定资产总额	531	1 656 428	6 792 188	154 167	483 108	1 223 043
B组：按初始财富						
下 1/3						
家庭固定资产	177	35 911	37 570	6 884	23 853	55 421
农业固定资产	177	9 221	17 642	0	983	9 834
工商业固定资产	177	473	2 572	0	0	0
土地及其他固定资产	177	70 879	107 656	0	23 500	112 000
固定资产总额	177	116 484	115 930	32 479	85 093	173 080
中 1/3						
家庭固定资产	177	75 446	108 400	21 036	46 090	76 658
农业固定资产	177	24 136	35 335	983	5 901	39 171
工商业固定资产	177	3 838	17 305	0	0	0
土地及其他固定资产	177	426 889	255 340	248 500	413 430	606 100
固定资产总额	177	530 309	268 895	328 832	484 176	743 886
上 1/3						
家庭固定资产	177	275 990	516 262	54 183	101 519	343 880
农业固定资产	177	111 706	222 718	4 917	60 729	139 579
工商业固定资产	177	82 462	684 839	0	0	0
土地及其他固定资产	177	3 852 333	11 200 000	931 500	1 510 000	3 421 500
固定资产总额	177	4 322 491	11 300 000	1 183 797	1 872 218	3 796 824

　　备注：资产类型（家庭、农业、工商业、土地及其他固定资产）是按照家庭对调查问卷的回答进行的分类。即使该资产被用于多种活动，但一项资产只能被划分在一种特定类型名下。详细信息请见书中文字。数据的时间跨度为1999年1月至2005年12月。

6.3.2 对投资的描述性统计：事件层面

接下来，我们分析固定资产的投资。由于我们关注家庭投资的融资，因而我们将重点关注折旧前的投资价值总额，即其中包括了用来取代折旧资本的投资价值。另外，由于我们想考察流动性约束对家庭投资的影响，所以我们仅关注正的投资事件，剔除了投资为零或负的观测值。这与 Mayer 和 Sussman（2004）在研究公司资本结构时所使用的方法类似。本质上，我们分析了家庭在相对狭窄的时间段内进行投资时，对投资事件的融资情况。

这里，我们将在更大范围内考察排除零投资事件的影响，为下文报告的一些结果打下基础。现在有大量关于投资研究的文献试图处理零投资事件。其中一部分学者认为这只是简单的加总问题。在工厂层面上，有很长的零投资期，但在企业层面，当然还有行业层面，大多数时候都有比较重大的投资。在这本书中，我们并不仅仅对总量感兴趣，也对个体家庭企业的行为感兴趣。如下文所述，对他们来说，虽然投资事件不频繁，但投资的数额都比较大。此外，我们发现正投资事件的数量跟投资水平或投资率的中位数之间基本不相关或负相关。

在使用高成本调整模型的投资文献中，这些问题普遍存在。其中大量文献假定，投资的固定成本相对较高，而且正的边际调整成本往往是不对称的。此外，为了与投资数据的偶发性质相协调，这些固定成本是随机抽取的。这种方法允许在投资时机与投资数量之间进行一些预期和相互关联，因为最终必须更换折旧资本。

然而，这取决于导致固定成本变化的随机变量的分布。随机变量越分散，广延边际和集约边际就越独立，分布就越均匀。在极限中有很大方差的情况下，投资决策几乎没有关于基本面的信息，专注于集约边际并排除了零投资事件的投资方程中几乎没有统计偏差的情况[①]。换句话说，因假设不恰当而产生零的统计模型，例如 Tobit 模型的估计方法，将会掩盖解释数据。事实上，我们估计了 Probit 模型。我们确认，虽然二元投资决策对现金流量敏感，但是投资决策与营利能力的度量无关[②]。

图 6-2 显示了 1999 年 1 月至 2005 年 12 月期间的投资时间序列分析。在 A 组中，我们计算了样本中所有家庭住户的正投资事件数量。该图显示了投资的季节性，每年大致有两个峰值。一个高峰期是年初，另一个在年中左右。在 B 组中，我们提供了从每个月内整体样本的正投资事件计算出来的中位数投资值（以泰铢计）。该图再次显示了家庭投资的一些季节性变化。然而，季节性和周期性模式与我们在 A 组中发现的不同。正投资事件数量（A 组）与家庭投资规模中位数（B 组）之间的成对相关性

---

① Caballero 和 Engel(1999)，Thomas(2002)与 Kahn 和 Thomas(2008)的论文包括具有随机固定调整成本的投资模型。

② 对投资指示变量(如果投资是正的,则为 1,否则为零)的 Probit 模型回归分析显示,现金流量与未来营利能力的回归系数(括号中为相应的标准误)分别为 0.0003(0.0001)和 −0.09(0.07)。其他控制变量包括日历月份和年份的虚拟变量,村庄虚拟变量和总资产。各变量的定义与表 6-4 中报告的相同。

为-0.14，但是不显著。最后，C组提供了从我们样本中所有正投资事件计算出的中位数投资率。

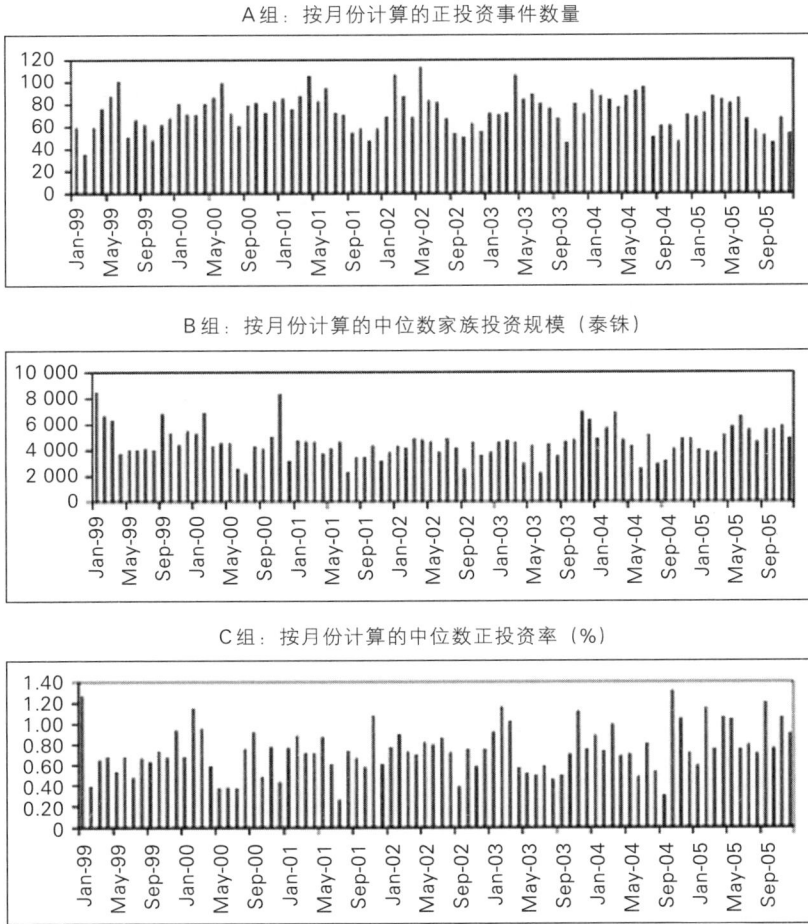

图6-2　家庭投资时间序列

投资率定义为投资价值除以初始的资产价值。投资率中位数再次显示出季节性波动，平均走势在0.4%~0.8%之间。中位数正投资率（来自C组）与投资价值（来自B组）之间的相关系数为0.50，在1%的统计水平下显著。另外，正投资事件数量（来自A组）和C组的中位数正投资率之间的相关系数为-0.08，统计上不显著。

6.3.3　投资描述性统计：家庭层面

在家庭层面上，我们全部531户样本家庭在这段时间内至少有一次家庭固定资产投资（按照家庭对问卷的回答）；279户家庭投资了农业固定资产；377户家庭投资了土地；53户家庭投资了工商业固定资产。这些调查结果显示，样本中并非所有家庭都参与了工商业活动或农业活动，但必须强调，一部分农业和工商业固定资产可能已被记录在家庭固定资产或土地资产的类别下。

正的投资活动并不频繁。具体来说,在1999年1月至2005年12月(84个月)调查样本的56 793个家庭观测值中,只有5 009个观测值拥有正的总固定资产投资。富裕家庭倾向于比贫困家庭更多地投资:在这些正的投资活动中,1 385例来自初始财富处于下1/3的家庭,1 661例来自中1/3的家庭,1 963例来自上1/3的家庭。

表6-2报告了这些发现。我们将投资事件的频率计算为正投资事件的数量除以84,即每个家庭在样本调查中的总月数。结果表明,平均数和中位数家庭的正投资频率分别为0.14和0.13,这意味着每12个月约有一次投资事件,即大约每年一次。家庭在固定资产上的投资比对农业资产、工商业资产和土地的投资频率更高。当我们按初始财富将家庭分层时发现,初始财富较低的家庭似乎比初始财富较高的家庭投资频率略低(下1/3家庭对上1/3家庭的均值和中位数频率相应为0.13和0.15,平均值在5%的水平上有显著差异)。

表6-2 家庭层面正投资事件频率概括性统计

变量	家庭数量	平均值	标准偏差	第25百分位数	中位数	第75百分位数
固定资产投资总额	531	0.14	0.08	0.08	0.13	0.18
按资产类型						
家庭固定投资	531	0.13	0.08	0.07	0.11	0.17
农业固定投资	279	0.04	0.03	0.01	0.02	0.05
工商业固定投资	53	0.03	0.02	0.01	0.02	0.03
土地投资	377	0.06	0.05	0.02	0.03	0.08
按家庭的初始财富						
下1/3	177	0.13	0.07	0.07	0.13	0.16
中1/3	177	0.13	0.08	0.08	0.12	0.17
上1/3	177	0.15	0.10	0.08	0.15	0.20

备注:资产类型(家庭、农业、工商业、土地和其他固定资产)按照家庭对调查问卷的回答进行分类:每种资产仅被划分为一项类型名下,即使它被用于多项类型的投资活动中。详细内容请参阅文字部分。数据涵盖的时间段为1999年1月至2005年12月。

表6-3显示了投资价值(泰铢)的概括性统计,以及由所有这些正的投资事件计算得出的投资率(%)。

表 6-3   正投资事件概括性统计

变量	事件数量	平均值	标准偏差	第25百分位数	中位数	第75百分位数
A组：投资规模（泰铢）						
固定投资总额	5 009	18 196	65 352	1 441	4 298	13 493
按资产类型						
家庭固定投资	4 738	13 583	54 404	780	2 746	8 922
农业固定投资	715	21 747	41 926	2 967	7 418	23 971
工商业固定投资	103	51 335	235 050	1 969	5 102	17 995
土地投资	1 469	6 328	29 600	600	1 400	3 240
按家庭初始财富						
下 1/3	1 385	7 142	21 667	600	1 897	5 450
中 1/3	1 661	12 091	30 189	1 216	3 336	9 776
上 1/3	1 963	31 161	97 536	3 368	8 062	22 805
B组：投资率，%						
总固定资产投资率	5 009	3.51	9.02	0.22	0.66	2.35
按资产类型						
家庭固定投资率	4 738	443	29 205	0.72	2.57	10.17
农业固定投资率	715	70 790	1 365 217	3.45	9.96	39.69
工商业固定投资率	103	8 020 281	81 400 000	2.99	14.41	58.96
土地投资率	1 469	867	31 569	0.14	0.34	1.08
按家庭初始财富						
下 1/3	1 385	6.93	13.30	0.49	1.72	6.44
中 1/3	1 661	2.89	7.61	0.24	0.67	2.17
上 1/3	1 963	1.62	4.68	0.15	0.38	1.06
C组：固定资产总额的收益率 年化%						
总固定资产收益率	5 009	1.07	3.23	0.06	0.40	1.26
按家庭初始财富						
下 1/3	1 385	1.98	4.63	0.06	0.46	2.19
中 1/3	1 661	0.69	3.00	0.03	0.33	1.04
上 1/3	1 963	0.75	1.73	0.09	0.43	1.15

备注：资产类型（家庭、农业、工商业、土地和其他固定资产）按照家庭对调查问卷的回答进行分类：每种资产仅被划分在一项类型名下，即使它被用于多项类型的投资活动中。详细内容请参阅文字部分。数据涵盖的时间段为1999年1月至2005年12月。

虽然表6-2显示，相比于富裕家庭，贫困家庭倾向于投资的频率仅略低于富裕家庭，但表6-3的A组表明，穷人的投资金额更小。上1/3家庭的投资中位数为8 062泰铢，而下1/3的家庭则仅为1 897泰铢。就不同资产类型上的投资价值而言，我们发现中位数投资金额涵盖从1 400泰铢起的土地投资，2 746泰铢的家庭资产，5 102泰铢的工商业资产，以及7 418泰铢的农业资产。少量的土地投资反映了土地投资包括（高频、较小价值的）土地改良和（低频、较大价值的）土地购买。我们样本中固定资产总投资的中位数为4 298泰铢。

在表6-3的B组中，我们提供了以百分比表示的投资率的汇总统计。农业和工商业投资的均值非常大，因为一些家庭的初始投资资产数量很少，使得投资率显得极大[1]。总固定资产投资率中位数的数值为0.66%。目前，这一衡量指标下相对贫困家庭的投资率比富裕家庭要高。下1/3家庭的投资率中位数为1.72%，而中1/3和上1/3家庭的投资率分别为0.67%和0.38%。工商业固定资产投资率的中位数为14.41%，农业固定资产投资率中位数为9.96%，家庭固定资产投资率中位数为2.57%。土地投资率很低，中位数约为0.34%。

6.4 财富和流动性约束

为了研究流动性约束和投资，我们采用公司金融中常用的投资现金流敏感性分析。如6.1节所述，这一方法假设资本市场不完善，并且内部融资比外部融资便宜。

在文献中，公司（或家庭）通常遵循投资融资的等级结构，首先是内部资金，如生产的现金流，再到债务融资，最后到股权融资。实际上，流动性约束意味着企业的投资对其现金流敏感，并且受流动性约束越多的企业，这种敏感性就越高，因为这些企业的投资融资必须依赖其内部产生的资金，比如其现金流。

对于家庭投资，我们的实证研究策略包括对家庭投资与家庭现金流量关系的回归分析，控制变量为家庭生产活动未来的营利能力指标：

$$investment_{i,t} = \alpha + \beta cash\_flow_{i,t} + \gamma future\_profitability_{i,t} + \omega_{i,t} + \Gamma X_I + \triangle Z_t + \varepsilon_{i,t}$$

其中$investment_{i,t}$是家庭i在t月初将固定资产标准化的固定投资。$cash\_flow_{i,t}$代表家庭i在t月初按固定资产标准化的生产现金流。$future\_profitability_{i,t}$代表家庭$i$从第$t$个月到第$t+11$个月共12个月的营利能力，用算术平均固定资产收益率衡量。$\omega_{i,t}$是家庭i在t月初的固定资产。X_I是家庭i居住的每个村庄I的时间不变虚拟变量。Z_t是月（1月至12月）和年（1999年至2005年）的时变虚拟变量。如果完全控制住未来营利能力，则无流动性约束的原假设意味着现金流量的回归系数（β）应为零。比较流动性约束低和约束高的两组家庭，我们推断受约束程度较低（或不受约束）的家庭的回归系数β应该低于受约束较高的家庭，不过请注意前面提到的注意事项。

表6-4列出了投资–现金流敏感性分析的结果。本表重点关注作为因变量的总的固

定资产投资。t 期投资和 t 期现金流量按照期初固定资产总额（即 $t-1$ 期期末的固定资产总额）进行标准化。

表6-4 投资现金流敏感性

	A组：因变量 = 固定资产投资总额（%）								
	(1)	(2)	(3)	(4)	(5)	(6)	(7)	(8)	(9)
现金流量 t/总固定资产 $t-1$	0.272*** (0.012)	0.259*** (0.012)	0.249*** (0.012)						
（现金流量 t, $t-1$, $t-2$）/总固定资产 $t-1$				0.198*** (0.012)	0.181*** (0.012)	0.171*** (0.012)			
（现金流量 t, …, $t-5$）/总固定资产 $t-1$							0.252*** (0.014)	0.231*** (0.015)	0.220*** (0.015)
未来营利能力		26.98*** (3.79)	31.44*** (3.90)		29.07*** (3.89)	33.49*** (4.00)		25.38*** (3.92)	29.58*** (4.03)
总固定资产 $t-1$			0.0544** (0.025)			0.0685*** (0.025)			0.0785*** (0.025)
月份虚拟变量	No	No	Yes	No	No	Yes	No	No	Yes
年份虚拟变量	No	No	Yes	No	No	Yes	No	No	Yes
村庄虚拟变量	No	No	Yes	No	No	Yes	No	No	Yes
常数项	2.509*** (0.13)	2.270*** (0.13)	−54.28** (26.8)	2.799*** (0.13)	2.548*** (0.14)	−69.19** (27.3)	2.666*** (0.13)	2.468*** (0.14)	−79.86*** (27.2)
观测值	5009	5009	5009	5009	5009	5009	5009	5009	5009
R^2	0.09	0.10	0.12	0.05	0.06	0.08	0.06	0.07	0.09

备注：数据涵盖的时间段为1999年1月至2005年12月。现金流量指来自生产的现金流量，如本书对家庭财务报表的构建中所述。未来营利能力是指未来12个月家庭总固定资产的月平均收益率。现金流量和未来营利能力均按月初家庭固定资产总额进行了标准化。所使用的回归方法都是普通最小二乘（OLS）回归。括号中是标准误。

*统计显著性水平为10%；**统计显著性水平为5%；***统计显著性水平为1%。

第1列显示现金流量系数为0.27，在1%的水平下显著。也就是说，如果家庭的现金流与资产的比率增加0.1，其投资率（即投资与资产的比率）将提高0.027个百分点。然而，由于现金流明显包含了未来营利能力的信息，在第2列中，我们将投资发生后未来12个月的平均固定资产收益率作为未来营利能力的控制变量。结果表明，现金流量系数略微下降至 0.26，但依然在 1% 的统计水平下显著。未来营利能力系数为 26.98，同样在 1% 的统计水平下显著，预期为正值。最后，我们在月初增加固定资产总额；使用月和年的虚拟变量来控制季节性和周期性；以及村庄固定效应的虚拟变量。第 3 列所示的总体结果不变。现金流量和未来营利能力的系数分别为 0.25 和 31.44，仍然在 1% 的统计水平下显著。

第 4 列至第 6 列重复了第 1 列至第 3 列的结果，但使用过去三个时期的累计现金流量，即 t，$t-1$ 和 $t-2$ 的现金流量，而不仅仅是 t 时期的同期现金流量。如第 6 列所示，在完全控制的设定模型中，3 个月累计现金流量的回归系数为 0.17。第 7 列至第 9 列重复了相同的回归，但使用在过去六个月中的累计现金流量。第 9 列显示，在完全控制的模型中，回归系数为 0.22。对现金流的敏感性似乎依然存在。尽管系数在近期内下降，但它在六个月的时间内再次上升。在所有情况下，未来营利能力系数均显著为正（虽然中期略高）。

表 6-5 报告了按家庭初始财富分类样本的回归结果。第 1 列显示，下 1/3 组的回归系数跟预期值的符号一致，且在 1% 的统计水平下显著。在完全控制的设定模型中，现金流变量的值为 0.24。如第 2 列所示，上 1/3 组的现金流系数为 0.17，略低，但依然在 1% 的统计水平下显著。结果表明，贫穷家庭面临比富裕家庭更多的流动性约束。

表 6-5　　　　　　　　　　　初始财富与投资-现金流敏感性

因变量：固定资产投资（％）	初始财富					
	下 1/3 (1)	上 1/3 (2)	下 1/3 (3)	上 1/3 (4)	下 1/3 (5)	上 1/3 (6)
现金流量 t/总固定资产 $t-1$	0.244*** (0.022)	0.168*** (0.028)				
（现金流量 t, $t-1$, $t-2$）/总固定资产 $t-1$			0.152*** (0.022)	0.0611*** (0.021)		
（现金流量 t, …, $t-5$）/总固定资产 $t-1$					0.200*** (0.026)	0.0487** (0.023)
未来营利能力	28.66*** (8.29)	12.55* (6.44)	28.20*** (8.55)	17.54*** (6.51)	23.28*** (8.61)	19.52*** (6.44)
总固定资产 $t-1$	−0.167 (0.11)	0.0225 (0.017)	−0.134 (0.11)	0.0269 (0.017)	−0.0821 (0.11)	0.0301* (0.017)
月虚拟变量	Yes	Yes	Yes	Yes	Yes	Yes
年虚拟变量	Yes	Yes	Yes	Yes	Yes	Yes
家庭固定效应	Yes	Yes	Yes	Yes	Yes	Yes
常数项	182.8 (119)	−24.05 (18.4)	146.6 (122)	−28.76 (18.5)	91.65 (122)	−32.20* (18.5)
观测值	1385	1963	1385	1963	1385	1963
R^2	0.12	0.05	0.07	0.04	0.07	0.04

备注：数据涵盖的时间段为 1999 年 1 月至 2005 年 12 月。现金流量指来自生产的现金流量，如本书对家庭财务报表的构建中所述。未来营利能力是指未来 12 个月家庭总固定资产的月平均收益率。现金流量和未来营利能力均按月初家庭固定资产总额进行了标准化。所使用的回归方法都是普通最小二乘（OLS）回归。括号中是标准误。

*统计显著性水平为 10％；**统计显著性水平为 5％；***统计显著性水平为 1％。

其中有一点很重要：富裕家庭和贫困家庭的投资与未来较高的资产收益率密切相关，尽管其相关性对富裕家庭来说程度较低。第3、4列和第5、6列分别针对三个月和六个月的累积现金流重复了相同的回归分析。在这两种情况下，贫困家庭的现金流系数都高于富裕家庭的系数。的确，对于富裕家庭来说，三个月和六个月累计现金流量的系数皆依次小于同期现金流量的系数。另外，对于贫困家庭来说，其表现模式与整体样本的情况类似，但不太明确。

正如表6-3报告的数据所示，初始财富处于下1/3组的家庭的固定资产收益率的平均数和中位数（1.98%和0.46%）均高于上1/3组家庭的数值（0.75%和0.43%）。由于贫困家庭的投资对现金流量较为敏感，并且其固定资产收益率高于富裕家庭，因而总体结果表明，样本中的贫困家庭似乎比富裕家庭受到更多的流动性约束。

6.5 亲属关系网络和流动性约束

前一部分的结果表明，样本中的贫困家庭和富裕家庭似乎均面临流动性约束，富裕家庭可能比贫困家庭受到的约束少。本节将通过在回归模型中加入现金流量和亲属关系网络指标的交互项，探讨当地亲属关系网络是否有助于缓解这些流动性约束，以及在何种程度上起作用。表6-6汇报了分析结果。所有的回归再次控制了月、年、村庄固定效应，以及初期的家庭固定资产总额等变量。

表6-6　　　　　　　　　　　　　亲属关系网络与投资−现金流敏感性

	初始财富								
因变量：固定资产投资 （%）	全样本			下1/3	上1/3	下1/3	上1/3	下1/3	上1/3
	(1)	(2)	(3)	(4)	(5)	(6)	(7)	(8)	(9)
网络虚拟变量	0.294 (0.31)	0.576* (0.32)	0.347 (0.32)	2.213** (1.01)	-0.00977 (0.25)	2.088** (1.05)	0.123 (0.26)	2.199** (1.05)	-0.226 (0.25)
现金流量 t/总固定资产 $t-1$	0.262*** (0.022)			0.317*** (0.042)	0.262*** (0.044)				
网络虚拟变量×现金流量 t/ 总固定资产 $t-1$	-0.0177 (0.027)			-0.0969** (0.049)	-0.156*** (0.055)				
现金流量对总固定资产 t, $t-1$, $t-2$		0.246*** (0.029)				0.245*** (0.055)	0.306*** (0.067)		
网络虚拟变量×现金流量 t, $t-1$, $t-2$/总固定资产 $t-1$		-0.0910*** (0.032)				-0.109* (0.060)	-0.266*** (0.070)		
现金流量对总固定资产 t, …, $t-5$			0.221*** (0.026)					0.254*** (0.050)	0.0540* (0.032)

	初始财富								
因变量: 固定资产投资 (%)	全样本			下 1/3	上 1/3	下 1/3	上 1/3	下 1/3	上 1/3
	(1)	(2)	(3)	(4)	(5)	(6)	(7)	(8)	(9)
网络虚拟变量×现金流量 $t, \cdots, t-5$/总固定资产 $t-1$			-0.00210 (0.031)					-0.0708 (0.059)	-0.0114 (0.045)
未来营利能力	31.49*** (3.90)	33.67*** (4.00)	29.53*** (4.05)	28.36*** (8.30)	12.33** (6.44)	28.28*** (8.57)	12.69* (6.62)	23.07*** (8.66)	19.86*** (6.47)
总固定资产 $t-1$	0.0540** (0.025)	0.0652** (0.025)	0.0780*** (0.025)	-0.170 (0.11)	0.0218 (0.017)	-0.135 (0.11)	0.0239 (0.017)	-0.0792 (0.11)	0.0293* (0.017)
月虚拟变量	Yes	Yes	Yes	Yes	Yes	Yes	Yes	Yes	Yes
年虚拟变量	Yes	Yes	Yes	Yes	Yes	Yes	Yes	Yes	Yes
村庄虚拟变量	Yes	Yes	Yes	Yes	Yes	Yes	Yes	Yes	Yes
常数项	-54.10** (26.8)	-66.14** (27.3)	-79.68*** (27.2)	183.5 (119)	-23.31 (18.4)	145.7 (122)	-25.64 (18.5)	86.35 (122)	-31.12** (18.6)
观测值	5009	5009	5009	1385	1963	1385	1963	1385	1963
R^2	0.12	0.08	0.09	0.12	0.05	0.07	0.04	0.08	0.04

备注：数据涵盖的时间段为1999年1月至2005年12月。如果一个家庭属于村庄亲属网络成员之一，则网络虚拟变量的值等于1，否则其值为0。现金流量指来自生产的现金流量，如本书对家庭财务报表的构建中所述。未来营利能力是指未来12个月家庭总固定资产的月平均收益率。现金流量和未来营利能力均按月初家庭固定资产总额进行了标准化。所使用的回归方法都是普通最小二乘（OLS）回归。括号中是标准误。

*统计显著性水平为10%；**统计显著性水平为5%；***统计显著性水平为1%。

对于整个样本，亲属关系网络的影响是复杂多样的。第1列显示，同期现金流量的系数为0.26，并在1%的统计水平下显著。然而，交互项不显著。

第2列报告了三个月累计现金流量系数，为0.25，且在1%的水平下显著。但亲属关系网络在此将投资-现金流敏感性降低了0.09。最后，第3列给出了六个月累计现金流量的结果。现金流量系数为0.22，并在1%的水平下显著。但亲属关系网络的系数仍然不显著。

上文实证分析表明，流动性约束对于贫困家庭来说更为严重，因此我们按初始财富对样本进行分层。第4至7列显示，当地亲属关系网络似乎有助于降低贫困家庭和富裕家庭的家庭固定投资对同期现金流及三个月累积现金流的敏感性。降低的幅度对较富裕的上1/3组家庭来说更大。第8列和第9列显示，在六个月的累积现金流这一列，任一组都不存在显著的网络效应。富裕家庭的敏感性很低，因此，没有继续减少也属合理。最后，由于亲属关系很大程度上是外生的，结果不会有明显的偏差，不必担心某些家庭由于其不利特征而被拒绝在关系网络之外[①]。

6.6 家庭投资的融资

我们从前面的章节得知：（1）我们样本中的贫困家庭和富裕家庭似乎皆受到流动性约束；（2）贫困家庭可能比富裕家庭受到更多的流动性约束；（3）亲属关系网络有助于缓解贫困家庭和富裕家庭的流动性约束（至少长达三个月）。因此，我们进一步探讨家庭怎样为其投资融资以及亲属关系网络如何发挥作用。为此，我们应用了第5章中描述的方差分解方法。

该方法将投资赤字的方差，即总固定资产投资减去来自生产的同期现金流，分解成各种融资机制：金融机构存款的减少，ROSCA净头寸的减少，贷款金额的减少，借款，收到的净礼品，现金持有量的减少，消费的减少[②]。

表6-7中的A组给出了我们样本中所有正的投资事件的方差分解。结果表明，93%的投资赤字的变动可以由现金持有量减少的变动来解释。金融机构存款可以解释4%。收到的净礼品可以解释赤字融资的0.4%，借款可以解释2.5%。贷款和ROSCA净头寸的下降对投资赤字的融资作用很小。最后，来自家庭消费的减少占比0.3%。

B1组和B2组分别比较和对比了有亲属关系网络和没有亲属关系网络的贫困家庭的融资机制。可以看出，对于没有亲属网络的贫困家庭，其投资赤字的融资78%来自现金持有，而0.2%来自借款，3%来自礼品。13%来自消费减少，即通过放弃目前的一些消费来为家庭投资提供部分融资。相比之下，拥有亲属关系网络的贫困家庭更多地通过借款来为投资赤字融资，占赤字变动的比例近8%。礼品的作用也相对较大，占比为8%。减少消费不再发挥作用。现金持有量对这部分家庭而言仍然占比最高，为77%。金融机构的存款占比超过6%，而没有亲属关系网络的家庭则为5%，表明了非正式家庭网络与正规金融机构的替代关系。

---

① 另请注意，家庭是否是一个网络的成员与家庭初始财富之间的相关性基本上等于零（相关系数＝ -0.06）。因此，成为亲属关系网络的一部分，相对于家庭财富是外生的。

② 第5章和本章中使用的方法有两点区别。首先，在第5章中，方差分解被分别应用于单独每个家庭的时间序列，而在本章中，我们将该方法应用于混合样本中的所有投资事件。其次，在第5章中我们将零投资和负值投资事件纳入考虑，而在本章中我们只关注正值的投资事件。

表6-7 投资赤字的方差分解

	F1	F2	F3	F4	F5	F6	F7	
A组：全样本								
F1	7.62%	0.00%	0.01%	−2.01%	−0.20%	−1.38%	−0.04%	4.01%
F2	0.00%	0.08%	0.00%	0.02%	0.00%	−0.06%	−0.01%	0.03%
F3	0.01%	0.00%	0.19%	0.00%	0.02%	−0.52%	0.00%	−0.30%
F4	−2.01%	0.02%	0.00%	7.10%	0.00%	−2.60%	−0.02%	2.49%
F5	−0.20%	0.01%	0.02%	0.00%	2.15%	−1.39%	−0.23%	0.37%
F6	−1.38%	−0.06%	−0.52%	−2.60%	−1.39%	99.08%	−0.04%	93.08%
F7	−0.04%	−0.01%	0.00%	−0.02%	−0.23%	−0.04%	0.66%	0.32%
总计								100%
B1组：无关系网络的家庭初始财富（下1/3）								
F1	5.42%	0.00%	0.01%	−0.40%	−0.17%	0.12%	0.02%	5.00%
F2	0.00%	0.00%	0.00%	0.00%	0.00%	0.00%	0.00%	0.00%
F3	0.01%	0.00%	0.78%	−0.57%	−0.20%	0.02%	−0.04%	0.01%
F4	−0.40%	0.00%	−0.57%	1.38%	0.03%	−0.38%	0.16%	0.22%
F5	−0.17%	0.00%	−0.20%	0.03%	4.25%	−0.42%	−0.22%	3.28%
F6	0.12%	0.00%	0.02%	−0.38%	−0.42%	79.46%	−0.49%	78.31%
F7	0.02%	0.00%	−0.04%	0.16%	−0.22%	−0.49%	13.75%	13.18%
总计								100%
B2组：有关系网络的家庭初始财富（下1/3）								
F1	105.05%	0.01%	0.16%	−98.43%	1.92%	−3.14%	−0.79%	6.35%
F2	0.01%	0.29%	0.00%	0.00%	−0.03%	−0.32%	0.01%	−0.04%
F3	0.16%	0.00%	4.19%	1.20%	−0.39%	−4.56%	−0.08%	0.52%
F4	−98.43%	0.00%	1.20%	165.20%	−5.15%	−53.57%	−1.27%	7.97%
F5	1.92%	−0.03%	−0.39%	−5.15%	14.84%	−0.44%	−2.80%	7.95%
F6	−3.14%	−0.32%	−4.56%	−53.57%	−0.44%	141.55%	−2.76%	76.75%
F7	0.79%	0.01%	−0.08%	−1.27%	−2.80%	−2.76%	6.59%	0.49%
总计								100%

	F1	F2	F3	F4	F5	F6	F7	
	C1组：无关系网络的家庭初始财富（上1/3）							
F1	5.98%	−0.01%	−0.09%	−0.28%	0.16%	−0.38%	0.12%	5.51%
F2	−0.01%	0.08%	0.00%	−0.03%	−0.01%	0.10%	0.00%	0.14%
F3	−0.09%	0.00%	0.28%	−0.01%	−0.01%	−0.17%	0.02%	0.02%
F4	−0.28%	−0.03%	−0.01%	8.24%	0.00%	−5.19%	−0.03%	2.71%
F5	0.16%	−0.01%	−0.01%	0.00%	1.23%	0.44%	−0.01%	1.79%
F6	−0.38%	0.10%	−0.17%	−5.19%	0.44%	94.38%	0.00%	89.18%
F7	0.12%	0.00%	0.02%	−0.03%	−0.01%	0.00%	0.55%	0.65%
总计								100.00%
	C2组：有关系网络的家庭初始财富（上1/3）							
F1	4.58%	0.00%	0.01%	−0.30%	−0.06%	−2.08%	0.01%	2.16%
F2	0.00%	0.01%	0.00%	0.00%	0.00%	−0.01%	0.00%	0.00%
F3	0.01%	0.00%	0.07%	−0.02%	0.00%	−0.47%	0.00%	−0.41%
F4	−0.30%	0.00%	−0.02%	1.68%	0.01%	−0.51%	0.03%	0.90%
F5	−0.06%	0.00%	0.00%	0.01%	0.38%	−0.40%	−0.05%	−0.12%
F6	−2.08%	−0.01%	−0.47%	−0.51%	−0.40%	99.81%	0.46%	96.80%
F7	0.01%	0.00%	0.00%	0.03%	−0.05%	0.46%	0.20%	0.66%
总计								100.00%

备注：数据涵盖时间段为1999年1月至2005年12月。投资赤字（Investment Deficits）为家庭总资本支出减去来自生产的现金流。F1=金融机构存款的减少，F2 = ROSCA净头寸的减少，F3 =贷款，F4 =借款，F5 =收到的净礼品，F6 =现金持有量的减少，F7 =消费的减少。

C1组和C2组关注了初始财富分配属于上1/3的富裕家庭。村里没有亲属网络的家庭，使用储蓄账户和借款的比例略高一些。结果表明，使用现金持有量几乎占据了全部投资赤字融资策略，这个比例对没有亲属网络的家庭是89%，对于有亲属网络的家庭，这个比例更高，达97%。这一发现非常重要。我们之前发现，这些富裕家庭的投资对现金流量敏感性较小，这表明它们只面临轻微的流动性约束。方差分解的结果表明了另外一面：内部融资对这些富裕家庭来说仍然非常重要。然而，它们的内部资金是来自手中的现金库存，而不是来自生产活动的现金流。这里的教训是，获取外部资金的昂贵成本可能不同于投资－现金流敏感性分析所隐含的现金流量约束。即使是样本中的富裕家庭也可能面临严重的外部融资流动性约束，这迫使它们持有现金以便为投资融资，而不是持有其他创收资产①。

表6-7的C1组和C2组还表明，富裕家庭外部融资机制的大小顺序与标准的公司金融文献显示的一个现象类似，即使用外债优先于使用外部股权。在我们的调查中，我们发现借款比收受的礼品对家庭投资赤字的融资的贡献占比更多，而礼品在本书提出的理论框架中被视为股权型证券。然而，对于贫困家庭，礼品和债务对拥有亲属网络的家庭作用类似，而对没有亲属网络的家庭，礼品比债务更重要。关于将礼品作为股权的成本和收益，我们需要作进一步的研究。

至此，我们发现，对在村里有亲戚的贫困家庭，礼品和借款似乎很重要。我们的分析依赖于两组数据。首先，我们使用构建的财务报表，如本书前面所述。这个财务数据并不区分村内或村外融资。其次，我们使用了根据调查问卷中家庭组成模块的人口统计信息构建的村庄亲属关系网络。我们认为，家庭亲属关系网络以某种方式提供了直接的帮助。亦有可能是网络传达了一种可靠性，使得成员在村外获得更多借贷，并分担更多风险，而不是来自村内网络本身。例如，网络成员可以成立一个连带责任小组，来从农业银行和BAAC获得外部贷款。

进一步地，我们可以根据调查问卷中的不同问题，对亲属网络和村内活动进行一致性检查。我们检查了直接记录在村庄内部与外部进行礼品和借款交易的问题。具体来说，我们计算出从村内接受礼品和借款的百分比，并与村外作比较。我们使用与前面提出的方差分解分析相同时期的数据，按初始财富和亲属关系网分层。表6-8中的结果显示，如果亲属网络中的家庭是贫困的，该家庭在村内通过礼品和借款融资的比例就较高。这与直接的网络效应是一致的。

表6-8　　村内与村外礼品和借款的百分比（按初始财富和亲属网络分类计算）

	来自礼品的百分比		来自借款的百分比	
	村内	村外	村内	村外
初始财富（下1/3家庭）				
无关系网络	14.8%	85.2%	41.7%	58.3%
有关系网络	15.7%	84.3%	48.8%	51.2%
初始财富（上1/3家庭）				
无关系网络	21.5%	78.5%	23.9%	76.1%
有关系网络	24.6%	75.4%	19.6%	80.4%

备注：数据涵盖时间段为1999年1月至2005年12月。礼品是家庭收到的现金和实物赠品。借款是家庭的现金和实物借款。如果一个家庭至少有一个亲属生活在同一座村庄内，该家庭就视为有关系网络。

---

① 对流动性存量（即手头现金）和投资的研究比对流动性流量（即现金流）的研究更为有限。这是因为关于现金余额的可靠数据比现金流量数据更不易获得。一个例外是Hoshi，Kashyap和Scharfstein（1991）的研究，该论文将短期证券持有量作为公司流动性存量的代理变量来看待。

对于有关系网络且相对富裕的家庭来说，这种网络效果也体现在礼品方面。但是，关系网络内相对富裕的成员其实比没有关系网络的富裕家庭在村内的借款要少。无论如何，关系网络对贫困和富裕家庭来说可能还有间接的有益效果。在所有的观测样本中，村外的礼品和贷款数额皆大于村内的礼品和贷款数额。

6.7 结论

本章说明了我们如何构建能够分析家庭行为的财务报表。具体而言，本章介绍了家庭金融账户的详细项目对于流动性约束和投资的融资分析的作用。在本项研究中，我们借鉴了啄序理论的理论框架和公司金融的投资–现金流敏感性的实证方法，并将其应用于家庭行为研究。最后，我们还阐明，从家庭调查中收集的非财务信息（如家庭和村庄人口统计）可以被纳入家庭融资行为的分析之中。

综上所述，我们发现样本中的农村家庭似乎面临流动性约束。这对贫困户尤为明显。亲属关系网络部分缓解了这一约束。尽管投资–现金流敏感性意味着流动性约束的推测可能是合乎逻辑的，但反之则不然。存在流动性约束的企业或家庭，如果其投资是通过另一种内部资金来源（即手头现金存量）融资，那么它们的投资可能对现金流量并不敏感。但流动性约束仍具有较大影响，这会导致期初投资较少。

第7章 讨论：测量与建模

本书提供了一个将家庭视为公司进行分析的理论框架。我们介绍了如何从家庭调查数据中构建家庭财务报表，以及如何使用财务报表进行家庭金融分析。作为结论，本章讨论了将家庭作为公司进行测量与建模中会遇到的各种问题。第7.1节提供了将该理论框架应用到汤森泰国月度调查数据中获得的经验教训。第7.2节列出了财务报表的一般限制。第7.3节总结了我们的研究工作对家庭金融分析中家庭行为建模的启示意义。

7.1 家庭调查的经验

本书使用了汤森泰国月度调查的数据。虽然该调查对我们分析家庭金融决策提供了许多帮助，但它并不完美，仍有改进的余地。本书在此列出该数据存在的一些问题，希望能为其他研究人员提供借鉴。

第一，这项调查不能很好地跟踪固定资产的价格变动和市场价值。虽然当土地价值有重大增加时，我们会更新土地的价值，但是当我们记录累计增加（或减少）的价值作为资本收益（或损失）时，只能到其他固定资产被出售时才调整其市场价值。每个调查季度期间我们会对固定资产（不包括土地）的价值进行折旧，具体的折旧率仍可商榷并改善。同样，即使市场价格有变化，我们也不会逐期调整存货价值。如果家庭根据价格变动购入投入品和出售产品，即家庭策略性地管理其存货，则存货价格和市场价值的变化可能至关重要。但这些都是复杂的问题。与行为有关的对价值的主观评估可能并不总与市场的实际情况一致。这便存在一些权衡。保守的会计实务按历史成本对资产进行评估，但当市场复杂且波动不大时，按金融行业当前的具体市场需求进行评估可能更为合适。

第二，与上文讨论相关，我们并不直接询问零售业务的加价利润，而是根据最近的平均销售来计算隐含的加价，即加价是根据过去三个月的总收入除以相同期间投入的总支出来计算。这一策略是基于平均商品在库存中停留不足三个月的主观假设。在实际情况中，不同的家庭及不同商品销售各有不同。如果想计算家庭企业的利润，在调查中直接询问每个家庭每个季度的加价和总收入会得到更准确的信息。这是 de Mel，Mckenzie 和 Woodruff（2009）的结论，他们认为在研究中询问利润问题对于斯里兰卡的企业主来说比询问关于收入和支出的详细问题更有效。他们推测库存估价部分是导致很多问题的关键所在。或者，我们可以询问库存在家庭仓库中滞留的平均时间，然后根据库存持有期间总收入除以同期总支出来计算加价。如果被调查家庭不熟悉利润和加价的概念，这种替代问题可能更适合。然而，出现这些问题的原因在于，调查员和被调查家庭都没有使用条形码来跟踪库存中每个物品的购买和销售情况；另外，如前所述，研究没有按照市场价格重新对存货进行估价也是原因之一。

第三，我们对生产活动与消费活动的固定资产使用情况未做细分。这可能会使我们低估了资产回报。显然，我们放入资产回报计算公式分母中的一些资产实际上并没有投入生产使用。我们其实可以要求家庭详细说明每个固定资产在每项不同活动中使用的时间所占百分比，一定程度上类似于如美国国税局（IRS）这样的税务机构对个体独资经营企业的要求。

第四，我们没有很好地区分家用耐用品的消费。如服装等家用耐用品使用超过一个月时，理论上应视为一种提供服务流的固定资产。换句话说，家庭耐用消费品的支出不等于购买商品的消费。把耐用消费品的支出视为非食品消费时，家庭消费总量就略大于本来的消费量。计算耐用品的用户成本（服务流）能提高家庭财务报表的准确性。另外，我们把房产和车辆作为家庭固定资产，这些资产产生的有助于家庭消费的服务流量并没有记录在账户的产出和收入中，使得我们低估了资产回报。

第五，调查没有区分销售和购买的地点，仅注明村内和村外。我们在对这些调查数据的其他分析中已经注意到，村子以外的销售收入较高，村子以外的采购费用亦较低，但这又引发了一个问题，即家庭是否减去产品运输和进行营销的运输成本。正如Singh，Squire和Strauss（1986）指出的，在农场内和农场外投入（包括劳动力）和产出的价格差异可能影响家庭决策。请注意，我们询问了汽油以及卡车等的价值，尽管我们不能把这些成本归因于特定的活动中，但并不是一切资产收益计算的数值都是有偏的。如果获得了这些缺失数据，我们将能够更好地了解农村市场的产业组织。对于家庭劳动力供给，汤森泰国月度调查在劳工活动调查模块中，将运输费用当作一种工作成本做了询问和记录。

第六，一些农户经常参与劳动交换。如果家庭得到这种帮助，我们应将其视为用礼品融资的生产劳动力成本。原则上，在利润表中应将其记录为一种费用，从而使净收入低于原来的收入。因此，留存收益亦较低。与此同时，收到的累积净礼品数量与所收礼品数额同步增长，所以资产负债表中家庭财富总体没有任何净变化。在现金流量表中，本次交易同步应记录为融资现金流入。由于该金额与减少的生产现金流净收入金额相同，因此家庭现金总持有量没有净变化。同样，如果家庭帮助其他人在工作，外送礼品也应被视为劳动力供给收入，收到的累积净礼品减少。不幸的是，虽然我们在汤森泰国月度调查中调查了劳动力交换的情况（以天或小时为单位），但我们没有询问该交易的价值（以泰铢为单位）。直接询问这个价值将会优化家庭财务报表的构建。我们可以计算这个价值，但尚未实施，因为我们还不了解调查样本之外的成员的劳动交换特点。没有这些样本外成员的信息，我们就不能估算他们劳务的机会成本。

第七，我们按常规对某些商品和交易的分类做了看似主观的设定。例如，我们将电力视为消费支出，但其中一部分其实应视为生产成本。同样，我们将所有存货视为生产活动中的营运资本，尽管如第4章所述，如果我们能够按照不同目标区分这些存货，分析结果会更好。如果我们要分析家庭持有存货的动机，就必须区分该库存是作为营运资本，作为固定资产，还是作为缓冲库存储蓄。

第八，教育支出应视为人力资本教育部分的投资。但正如我们在第4章中讨论的那样，很难把准确的价值计算到家庭人力资本的存量中。因此，本书将教育费用作为非食品消费来对待。同样，如一些文献对生计收入的论述，营养摄入量（某些消费水平或项目）和卫生支出可以视为对人的投资，以维持健康人力资本，让人有效运作。对人力资本投资和无形资产的一般处理值得更多关注，我们希望本书能够引起这方面更多的研究。这一概念之所以被提到，是为了引来这方面更多的研究。我们在这里提到这点，因为我们发现这个概念很有吸引力，但是实施起来很困难。

第九，家庭组建或解散是一个值得关注的重要话题。本书指出，可以将家庭的形成、迁移和解散视为公司的兼并和分立。我们认为，这种动态的家庭研究难点并不在于账户，而是度量问题，对新加入的成员我们没有足够的历史资料，对离开的成员我们无法继续收集信息。这个问题是很重要的，因为新的家庭成员可能会带来资产，而外流成员可能会带走一些资产，或者反过来继续向家庭提供资源。确实，礼品在财富积累和消费中起着非常重要的作用，我们在家庭财务报表的创建中高度关注了这一点。但为了更好地进行分析，除家庭成员加入或离开时之外，我们需要在不同的时间点持续跟踪和采访家庭成员。理想的调查方式应该是将居住在不同房屋中的同一家庭成员视为统一的单位。

第十，我们对现金的估计取决于我们对初始现金持有的推测。随后期间，持有现金的变动计为现金流量表的底线，即净现金流入。当我们推测现金持有量变为负值时，我们即向上调整初始推测值。这个方法可能会低估持有现金的数量。另外，如前所述，累积低估的支出可能导致我们夸大家庭现金存量（尽管我们认为各期现金变化的测量误差不大）。这可能是一个重要的问题，但直接询问家庭的现金持有量在一些文化环境中较为困难。在第3章提到的"财务日记项目"中，Rutherford（2002），Ruthven（2002）和Collins（2005）都曾调查了现金结余，以及生产和融资活动中的现金收入和支出细节。经过几轮访谈，被调查的家庭成员似乎学会了如何应答，并从采访中会获得一些隐含的会计知识。尽管"财务日记项目"并不像我们在这里构建的资产负债表、利润表和现金流量表那样全面，该调查设计实际上亦包含了现金流和资产负债表等概念。我们的调查不仅包括现金和所有实物交易，还包括了所有实物资产。我们构建的报表也许可以用来交叉检查家庭对调查问题的回答。然而，这需要调查员直接询问家庭持有的现金数额，这类问题可能会导致家庭拒访，在调查中需要多加注意。

7.2 财务会计的局限性

我们之前提到，财务会计是家庭金融研究的一项有用工具，特别是当研究人员关注家庭的短期和长期财务状况时。然而，财务会计亦有局限性，可能不适合某些研究，具体如下。

第一，财务会计以汇总的方式在家庭层面提供了一个家庭的财务信息。它是以家庭为决策单位的假设而构建的。因此，家庭财务报表可以与家庭住户调查的其他信息综合使用，但不能用于家庭内资源分配或家庭内部讨价还价的研究。这些综合调查收集了个人层面的一些数据，例如个人劳动力供给。正如 Chiappori，Townsend 和 Yamada（2008）所提出的，这些个人劳动力供给数据可以免去对个人层面的风险厌恶和时间偏好等指标进行调查测量。然后，控制了家庭固定效应的回归分析可以与家庭综合财务报表一起使用，以检验贫困家庭是否具有厌恶风险或偏好风险的特征。

第二，财务会计未能衡量人力资本和其他无形资产。研究人员在研究资产或财富的收益率时必须谨慎地使用这些账户。此外，财务报表无法提供有关无形资产投资的信息，即在职培训和在职学习的信息。另外，资产负债表没有把人力资本作为资产，导致教育和卫生支出不能被记录为投资，而被记录为非食品消费支出。人们设想可以将教育和健康维护费用设置在单独的类别中，其中只对人力资本投资流进行衡量，不衡量最初未观测到并受其他因素影响的标的物存量。这种方法看似有用但存在问题，因为它切断了资产负债表与现金流量表之间的联系。研究者也可以遵循在第4章讨论过的世界银行（2006）所采用的间接方法，该方法将人力资本和其他无形资产的价值，计算为家庭总财富中不包括有形资产核算的剩余部分，资产总额则被定义为家庭未来消费流的现值。然而，正如我们所说，这种方法受制于对未来消费和贴现率的具体假设，潜在地会造成测量误差。

第三，虽然财务会计框架有助于研究人员设计调查问卷，系统地组织调查数据，但部分设定是主观的。例如，存货变动应被视为生产、投资，还是融资活动？放债人的贷款交易应被视为生产（金融服务），还是融资活动（作为标准财务报表的贷款和借款）？收到的应急礼品应被视为家庭负债，还是家庭财富？我们应如何处理连带责任或担保贷款？我们应该如何对固定资产进行折旧？资产是以购置成本估值还是按当前市值估价？然而，这些主观的设定不仅在本书中存在，就连作为公司及会计师事务所审计人员所采纳的一般准则的"公认会计准则"（GAAP），现仍在不断修订和更新，明晰性和主观性之间也存在矛盾。

第四，尽管来自家庭财务报表的信息和简单的财务比率是有用的，但我们仍然需要经济模型来帮助我们在研究家庭行为时进行假设。例如，账户可能会显示哪些家庭的资产收益率较高。但更高的回报可能来自更高的风险，而不是来自更高的生产力本身。为了了解一些家庭是否比其他家庭的生产力更高，我们需要运用经济模型对数据进行检验，并得到经风险调整后的收益率估计值，如第5章中所讲到的。

7.3　将家庭当作公司建模

从报表数据可以看出，发展中国家的家庭具有复杂的流动性问题，投资组合管理和投资策略也较为复杂。全面描述这些问题，分析交易障碍的来源比较困难。构建财务报表中概念化的度量方式对于家庭生产、消费、投资、流动性、融资和财富管理等家庭金融问题至关重要。本书的理论框架和度量方式对后续建模及相关研究具有一定启示作用。

当家庭被视为公司时，它是一个资产的集合。这些资产与其各种生产活动有关。因此，经济建模的第一选择是针对每个家庭或某类某些家庭，指定家庭所涉及的各类资产和活动。在一些模型中，这可能是一种外生性假设，在理想状态下，其为范围更大的宏观模型的内生变量。

然而，家庭资产可能由外部人士通过债务或礼品给予，因此家庭外的其他人可能对这些资产产生的家庭收入流拥有或有债权。在对发展中国家常见的礼品进行建模的过程中，本书提出的将礼品概念化为股权问题是较为新颖的方法。另外，将债务和财富视为家庭资产的组成部分，能使我们在研究中借鉴公司金融中关于企业资本结构的分析，例如，包括债权-股权静态权衡和财务啄序理论的假设。在拥有中小企业的家庭中，这些假设可能并不成立，但仍是对金融文献的补充。最后，前人关于家庭消费的研究倾向于假设家庭收入是外生的。本书提出了更明确的消费和收入测量指标，将使研究人员能够在研究家庭消费行为时更好地分析职业选择、生产、投资和收入的内生性，反之亦然。

关于产出分配，我们将消费视为股息。现有关于股息支付决策的文献大多基于最大限度地提高公司贴现现值，例如税收和信号。本书将股东的股利与只有少数股东公司的所有者的消费联系起来，达到标准效用最大化。基于消费的股利政策对于拥有很大比例投资项目的家庭来说可能更具影响，这类家庭即财务术语中的多数股份持有人。发展中国家的中小企业家庭尤其如此。我们可以将消费视为股利支付的动机，将消费平滑和投资理论联系起来。事实上，正如我们在公司所观察到的那样，减少消费（减少股息）可以帮助我们为投资融资。

投资决策和融资是公司金融文献的核心，但在发展经济学中却没有被系统地考虑。投资是在特定活动中增加资产的库存，或与新活动的开始相关。一台大机器不应该从收入中立即全部扣除，算作当前费用。这些是与一个家庭作为生产性资产集合的观点一致的投资决策。存货是与现金流量和应计收入之间存在差异的产品，在本书中被合理度量。本书的财务报表分别记录了这些项目，追踪固定资产投资，例如存货等营运资本的变动，以及应付账款和应收账款。因此，我们将把营运资本管理当作跨期生产活动的一部分进行建模。

家庭流动性与家庭绩效存在明显差异，但这两个问题在实证经济学中有时相互交织。本书通过分别定义现金流和净收入来进行区分。在现金流概念下，可能出现许多与投入购买有关的小的科目为负，甚至可能有一些科目负值较大，偶尔也会存在与销售相关的较大金额正收入。在"应计收入"方法下，现金流对交易的时间不太敏感，波动率可能较低。因此，我们可以更好地了解生产力及与生产力相关的风险。变动较大的现金流量或测量不当的收入将不利于正确衡量波动性与总体冲击、永久冲击和冲击的空间相关性。当我们考虑应付款项波动和资产流动性问题时，现金流十分重要，将与外部人员的非现金交易纳入模型，是货币经济学的核心问题。这些问题也与预算或流动性约束模型的建立息息相关。

我们将储蓄作为留存收益（净收入减去消费），使用应计净收入指标来衡量，而不采用来自生产的现金流。虽然这可能看起来很奇怪，但读者也许会记得，这正是企业构建标准国民收入和产品账户的做法。这也是标准资金流动分析的基础。因此，我们的框架将微观和宏观数据自然联系起来，这对于宏观经济学的微观基础的建模至关重要。也就是说，研究内容包括构建宏观经济的微观模型。在本书的理论框架和度量中，储蓄作为留存收益，与家庭的资产和负债构成的复杂变化有关。将家庭视为公司有利于我们借鉴金融组合理论，并可以帮助我们更好地模拟和理解家庭资产和负债策略以及家庭多元化行为。

根据我们在本书中构建的财务报表，我们想强调与将家庭作为公司建模的讨论相关的重点问题。首先，财务报表的概念化和构建既不假设完全的市场也不需要新古典主义的假设。事实上，我们使用这些报表来研究与标准新古典主义预测的家庭行为不相符的各方面。例如，第5章中家庭消费平滑是不完美的。消费和投资也是相互依赖，不可分割的。正在进行的各种研究工作中运用了这些数据和报表，检验新古典主义假设的异常或偏差，这与其他许多文献有关。

其次，从公司金融和财务会计学文献中，我们已经隐含地讨论了将家庭视为公司来建模的各种可行的替代方案，特别是对那些经营企业，如持有中小企业的家庭。我们认为，家庭行为与财务决策密切相关，因此我们希望家庭金融的研究可以借鉴公司金融的理论，例如消费、投资、融资、流动性、风险和投资组合管理。显然，我们的做法并不是唯一的，还有很多根据住户调查数据来对发展中国家家庭的行为进行建模的方法。其中一些可能是本书所做研究的有效补充[①]。

再次，本书使用的财务报表来自汤森泰国月度调查，但只使用了一部分数据，还没有使用大量潜在可用的数据。例如，该调查数据包含了家庭对未来作物收成的估计。这些信息和相关问题可用于帮助预测未来的生产力，或更广泛地用于对农户决策的分析。还有关于风险反应的数据，能代表家庭对冲击的反应和提供家庭风险规避的相关信息。这些信息将大大补充在家庭金融研究中对报表的使用。同样，我们有详细家庭人口统计信息，可以与财务报表合并使用。

最后，我们再次强调，了解家庭的金融环境和金融行为对发展中国家来说至关重要。它有助于研究人员和决策者评估现行针对贫困的政策，有助于消除金融市场的扭曲。为了实现这一目标，我们需要通过详细的家庭住户问卷调查取得的高频面板数据。迄今为止，运用这类调查数据的部分研究试图分析了发展中国家家庭的财务状况，但变量定义和度量尚不统一和明确。本书提出的关于测量的理论框架，可以帮助研究人

---

① 对于关于农户的各种模型,请参阅 Singh,Squire 和 Strauss(1986)。它收集了来自几个发展中国家的案例研究,并展示了多作物家庭的模型、食品消费、自给自足的农户、收益风险、集体农场、农业定价政策多市场分析等。

员按与经济理论含义吻合的统一方式定义变量。本书举例说明了如何系统地整理数据，以及如何将其应用于家庭金融分析。我们认为，这是加强对发展中国家家庭金融理解的第一步也是最重要的一步。正如刻在芝加哥大学社会科学研究大楼门前的开尔文爵士的警句所说："当你无法测量它且无法将其用数字表达时，你的知识便依然不足且无法令人满意。"

附录：财务报表范例

表A.1		家庭A资产负债表			
月	5	6	7	8	9
手持现金	1 966 139	1 862 121	1 701 863	1 663 257	1 593 938
应收账款	688 971	805 259	952 359	1 059 382	1 126 773
金融机构存款	167 271	167 969	168 094	156 799	157 474
ROSCA（净头寸）	33 000	37 000	41 000	11 500	16 050
其他贷款	153 136	153 136	153 136	153 136	153 136
存货	1 346 939	1 440 729	1 576 481	1 697 413	1 842 527
牲畜	326 280	323 018	319 787	316 590	313 424
固定资产	967 342	973 759	970 949	968 151	965 365
家庭资产	598 758	596 261	593 775	591 299	588 833
农业资产	66 104	65 829	65 554	65 281	65 009
工商业资产	2 479	11 669	11 620	11 572	11 523
土地及其他固定资产	300 000	300 000	300 000	300 000	300 000
总资产	5 649 079	5 762 991	5 883 669	6 026 228	6 168 687
总负债	1 132 310	1 280 270	1 425 465	1 570 660	1 715 855
应付账款	1 078 505	1 228 465	1 375 660	1 522 855	1 670 050
其他借款	53 805	51 805	49 805	47 805	45 805
总财富	4 516 769	4 482 721	4 458 204	4 455 568	4 452 832
初始财富	3 439 250	3 439 250	3 439 250	3 439 250	3 439 250
累计收到的净礼品	−6 664	−6 046	−6 357	−6 319	−7 576
累积储蓄	1 084 182	1 049 517	1 025 311	1 022 637	1 021 158
总负债和财富	5 649 079	5 762 991	5 883 669	6 026 228	6 168 687

月	10	11	12	13	14	15	16
手持现金	1 504 906	1 531 443	1 484 738	1 448 589	1 407 044	1 362 112	1 311 011
应收账款	1 207 075	1 269 435	1 320 273	1 373 029	1 422 880	1 473 025	1 524 025
金融机构存款	157 469	189 549	201 194	240 759	240 304	240 249	240 194
ROSCA（净头寸）	20 600	25 150	28 450	7 750	10 750	16 750	23 750
其他贷款	153 136	153 136	153 136	153 136	153 136	153 136	153 136
存货	1 986 251	2 111 673	2 238 242	2 356 958	2 486 177	2 609 586	2 744 157
牲畜	310 289	313 186	310 055	336 954	333 585	330 249	326 946
固定资产	962 591	959 828	957 076	954 336	951 608	948 890	946 185
家庭资产	586 378	583 933	581 498	579 073	576 658	574 253	571 859
农业资产	64 737	64 468	64 199	63 931	63 664	63 399	63 135
工商业资产	11 475	11 428	11 380	11 332	11 285	11 238	11 191
土地及其他固定资产	300 000	300 000	300 000	300 000	300 000	300 000	300 000
总资产	6 302 317	6 553 400	6 693 163	6 871 511	7 005 483	7 133 997	7 269 404
总负债	1 861 050	2 116 245	2 260 056	2 403 867	2 547 678	2 679 744	2 827 946
应付账款	1 817 245	1 964 440	2 111 635	2 258 830	2 406 025	2 541 475	2 693 525
其他借款	43 805	151 805	148 421	145 037	141 653	138 269	134 421
总财富	4 441 267	4 437 155	4 433 107	4 467 644	4 457 806	4 454 253	4 441 459
初始财富	3 439 250	3 439 250	3 439 250	3 439 250	3 439 250	3 439 250	3 439 250
累计收到的净礼品	−6 635	−7 233	−7 181	−6 774	−7 000	−6 335	−4 198
累积储蓄	1 008 652	1 005 139	1 001 038	1 035 168	1 025 555	1 021 338	1 006 406
总负债和财富	6 302 317	6 553 400	6 693 163	6 871 511	7 005 484	7 133 997	7 269 405

备注：货币单位为泰铢。表中第5个月对应的日历月份为1999年1月。

表 A.2 家庭 A 利润表

月	5	6	7	8	9
种植收入					
家畜收入	30 485	27 753	26 180	21 780	26 730
畜产品	28 985	27 753	26 180	21 780	26 730
资本收益	1 500				
鱼和虾养殖收入					
工商业收入	184 360	145 360	183 875	152 890	160 455
劳务收入	11 440	11 440	11 440	11 440	11 440
其他收入	6 000	3 000	6 000	6 000	6 000
总收入	232 285	187 553	227 495	191 110	204 625
种植成本					
家畜成本	31 944	30 281	27 642	22 813	21 715
资本损失					
折旧（老化）	3 281	3 263	3 230	3 198	3 166
其他费用	28 663	27 018	24 412	19 615	18 549
鱼和虾的成本					
工商业成本	220 176	167 323	199 933	150 300	159 472
劳务成本					
其他生产活动成本					
总生产成本	252 120	197 604	227 575	173 112	181 187
利息收入					
利息费用	55	55	55	75	55
其他费用	2 794	2 783	2 810	2 798	2 786
固定资产折旧	2 794	2 783	2 810	2 798	2 786
保险费					
特殊项目					
资本收益					
资本损失					
净收入	−22 684	−12 889	−2 945	16 125	20 597
消费	9 035	9 362	8 145	10 849	8 566
储蓄	−31 719	−22 251	−11 090	5 276	12 031

续表

月	10	11	12	13	14	15	16
种植收入		3 200	11 676	11 676	11 676	11 700	
家畜收入	28 050	39 000	39 600	79 600	39 600	33 000	31 900
畜产品	28 050	33 000	39 600	39 600	39 600	33 000	31 900
资本收益		6 000		40 000			
鱼和虾养殖收入							
工商业收入	167 295	249 440	169 460	175 855	166 170	167 150	170 000
劳务收入	11 440	11 440	10 056	11 440	10 096	10 100	10 000
其他收入	6 000	6 000	6 000	6 000	6 000	6 000	6 000
总收入	212 785	309 080	236 792	284 571	233 542	227 950	217 900
种植成本		1 468	1 468	1 468	1 468		
家畜成本	19 225	20 371	25 573	27 787	30 064	28 059	27 048
资本损失							
折旧（老化）	3 134	3 103	3 132	3 101	3 370	3 336	3 302
其他费用	16 090	17 268	22 441	24 687	26 694	24 723	23 745
鱼和虾的成本							
工商业成本	173 440	262 931	182 317	186 649	173 751	174 006	177 608
劳务成本						150	100
其他生产活动成本							
总生产成本	192 665	283 302	209 358	215 905	205 283	203 684	204 756
利息收入							
利息费用	55	55	55	35	55	55	55
其他费用	2 775	2 763	2 751	2 740	2 729	2 717	2 706
固定资产折旧	2 775	2 763	2 751	2 740	2 729	2 717	2 706
保险费							
特殊项目							
资本收益							
资本损失							
净收入	17 290	22 960	24 627	65 891	25 475	21 494	10 383
消费	16 186	9 663	1 472	3 005	6 332	2 399	9 105
储蓄	1 104	13 296	23 155	62 886	19 143	23 892	1 278

备注：货币单位为泰铢。表中第5个月对应的日历月份为1999年1月。

表A.3 家庭A现金流量表

月	5	6	7	8
净收入（+）	−22 684	−12 889	−2 945	16 125
调整：				
折旧（+）	6 075	6 046	6 040	5 996
应收账款的变动（−）	−147 488	−116 288	−147 100	−107 023
应付账款的变动（+）	149 960	149 960	147 195	147 195
存货变动（−）	−126 465	−106 205	−148 866	−128 883
其他现有资产的变动（−）	1 781	3 263	3 230	3 198
家庭生产产品的消费（−）	−350	−314	−383	−373
来自生产的现金流量	−139 171	−76 427	−142 830	−63 765
消费支出（−）	−8 685	−9 048	−7 762	−10 476
资本支出（−）	−3 281	−12 463	−3 230	−3 198
消费和投资的现金流量	−11 966	−21 511	−10 992	−13 674
金融机构存款的变动（−）	−8 895	−698	−125	11 295
ROSCA头寸的变动（−）	−4 000	−4 000	−4 000	29 500
贷款（−）	0	0	0	0
借款（+）	−2 000	−2 000	−2 000	−2 000
收到的净礼品（+）	−710	618	−311	38
融资的现金流量	−15 605	−6 080	−6 436	38 833
现金持有变动（来自现金流量表）	−166 742	−104 019	−160 258	−38 606
现金持有变动（来自资产负债表）	−166 742	−104 019	−160 258	−38 606

续表

月	9	10	11	12	13	14	15	16
净收入（+）	20 597	17 290	22 960	24 627	65 891	25 475	21 494	10 383
调整：								
折旧（+）	5 952	5 909	5 866	5 883	5 841	6 098	6 053	6 008
应收账款的变动（−）	−67 391	−80 302	−62 360	−50 838	−52 757	−49 851	−50 145	−51 000
应付账款的变动（+）	147 195	147 195	147 195	147 195	147 195	147 195	135 450	152 050
存货变动（−）	−158 624	−157 334	−142 232	−153 825	−147472	−157 975	−151 519	−150 782
其他现有资产的变动（−）	3 166	3 134	−2 897	3 132	−26 899	3 370	3 336	3 303
家庭生产产品的消费（−）	−440	−590	−323	−396	−336	−348	−373	−205
来自生产的现金流量	−49 545	−64 697	−31 792	−24 221	−8 537	−26 036	−35 704	−30 243
消费支出（−）	−8 126	−15 596	−9 340	−1 076	−2 669	−5 984	−2 772	−8 900
资本支出（−）	−3 166	−3 134	−3 103	−3 132	−3 101	−3 370	−3 336	−3 302
消费和投资的现金流量	−11 292	−18 730	−12 443	−4 208	−5 770	−9 354	−564	−12 202
金融机构存款的变动（−）	−675	5	−32 080	−11 645	−39 565	455	55	55
ROSCA头寸的变动（−）	−4 550	−4 550	−4 550	−3 300	20 700	−3 000	−6 000	−7 000
贷款（−）	0	0	0	0	0	0	0	0
借款（+）	−2 000	−2 000	108 000	−3 384	−3 384	−3 384	−3 384	−3 848
收到的净礼品（+）	−1 257	940	−598	53	406	−226	665	2 137
融资的现金流量	−8 482	−5 605	70 772	−18 276	−21 843	−6 155	−8 664	−8 656
现金持有变动（来自现金流量表）	−69 319	−89 032	26 537	−46 705	−36 149	−41 545	−44 932	−51 101
现金持有变动（来自资产负债表）	−69 319	−89 032	26 537	−46 705	−36 149	−41 545	−44 932	−51 101

备注：货币单位为泰铢。表中第5个月对应的日历月份为1999年1月。

表 A.4 家庭 B 资产负债表

月	5	6	7	8	9
手持现金	16 529	16 804	24 661	24 276	25 339
应收账款	0	0	0	0	0
金融机构存款	120	140	160	180	200
ROSCA（净头寸）	0	0	0	0	0
其他贷款	0	0	0	0	0
存货	3 772	5 878	444	0	0
牲畜	940	930	881	872	864
固定资产	14 918	14 866	14 814	14 763	14 712
家庭资产	12 418	12 366	12 314	12 263	12 212
农业资产	0	0	0	0	0
工商业资产	0	0	0	0	0
土地及其他固定资产	2 500	2 500	2 500	2 500	2 500
总资产	36 278	38 619	40 960	40 092	41 114
总负债	7 800	7 800	4 500	4 500	4 500
应付账款	0	0	0	0	0
其他借款	7 800	7 800	4 500	4 500	4 500
总财富	28 478	30 819	36 460	35 592	36 614
初始财富	26 580	26 580	26 580	26 580	26 580
累计收到的净礼品	410	1 319	3 494	4 015	5 785
累积储蓄	1 488	2 920	6 386	4 997	4 249
总负债和财富	36 278	38 619	40 960	40 092	41 114

续表

月	10	11	12	13	14	15	16
手持现金	23 673	26 507	26 645	26 405	27 846	34 133	36 610
应收账款	0	0	0	0	0	0	0
金融机构存款	220	240	260	280	300	320	340
ROSCA（净头寸）	0	0	0	0	0	0	0
其他贷款	0	0	0	0	0	0	0
存货	0	0	350	2 478	1 238	1 418	7 540
牲畜	900	891	882	813	860	812	1 403
固定资产	14 661	14 610	14 560	14 510	14 459	14 410	14 360
家庭资产	12 161	12 110	12 060	12 010	11 959	11 910	11 860
农业资产	0	0	0	0	0	0	0
工商业资产	0	0	0	0	0	0	0
土地及其他固定资产	2 500	2 500	2 500	2 500	2 500	2 500	2 500
总资产	39 454	42 248	42 697	44 486	44 704	51 092	60 253
总负债	4 500	4 500	4 500	6 140	6 140	6 560	5 640
应付账款	0	0	0	0	0	0	0
其他借款	4 500	4 500	4 500	6 140	6 140	6 560	5 640
总财富	34 954	37 748	38 197	38 346	38 564	44 532	54 613
初始财富	26 580	26 580	26 580	26 580	26 580	26 580	26 580
累计收到的净礼品	5 982	9 247	10 193	12 326	13 298	14 777	12 754
累积储蓄	2 392	1 922	1 423	−560	−1 314	3 175	15 279
总负债和财富	39 454	42 248	42 697	44 486	44 704	51 092	60 253

备注：货币单位为泰铢。表中第5个月对应的日历月份为1999年1月。

表 A.5 　　　　　　　　　　　　　　家庭 B 利润表

月	5	6	7	8
种植收入	110	3 590	5 100	130
家畜收入				
资本收益				
畜产品				
鱼和虾养殖收入	500			
工商业收入				
劳务收入				
来自其他生产活动的收入	160	150	160	160
总收入	770	3 740	5 260	290
种植成本		800		
家畜成本	313	9	49	9
资本损失	300		40	
折旧（老化）	13	9	9	9
其他费用				
鱼和虾的成本	574			
工商业成本				
劳务成本				
其他生产活动成本				
总生产成本	886	809	49	9
利息收入				
利息费用				
其他费用	52	52	52	51
固定资产折旧	52	52	52	51
保险费				
特殊项目				6
资本收益				6
资本损失				
净收入	−168	2 879	5 159	236
消费	2 432	1 447	1 693	1 856
储蓄	−2 600	1 432	3 466	−1 619

表 A.5　　　　　　　　　　家庭 B 利润表（续）

月	9	10	11	12	13	14	15	16
种植收入	90	160	100	110	130	330	200	9 160
家畜收入		45				155	40	600
资本收益		45				55	40	600
畜产品						100		
鱼和虾养殖收入			500				70	
工商业收入						960		
劳务收入			300	390			7 660	9 800
来自其他生产活动的收入	160	160	250	250	160	150	160	180
总收入	250	365	1 150	750	290	1 595	8 130	19 740
种植成本								2660
家畜成本	9	9	9	9	69	8	9	8
资本损失					60			
折旧（老化）	9	9	9	9	9	8	9	9
其他费用								
鱼和虾的成本			24				108	
工商业成本								
劳务成本							60	
其他生产活动成本								1 080
总生产成本	9	9	33	9	69	8	177	3 748
利息收入								
利息费用								
其他费用	51	51	51	321	50	50	50	50
固定资产折旧	51	51	51	51	50	50	50	50
保险费				270				
特殊项目	342	116	74					
资本收益	342	116	74					
资本损失								
净收入	533	421	1 140	421	171	1 537	7 903	15 942
消费	1 290	2 309	1 610	919	2 154	2 291	3 414	3 839
储蓄	-758	-1888	-470	-498	-1 983	-754	4 489	12 103

月	5	6	7	8	9
净收入（+）	−168	2 879	5 159	236	533
调整：					
折旧（+）	65	61	61	60	60
应收账款的变动（−）	0	0	0	0	0
应付账款的变动（+）	0	0	0	0	0
存货变动（−）	1 089	−2 106	5 424	614	0
其他现有资产的变动（−）	313	9	49	9	9
家庭生产产品的消费（−）	−1 055	−530	−760	−940	−542
未实现的资本收益和损失（−）	0	0	0	−6	−342
来自生产的现金流量	243	313	9 933	−27	−283
消费支出（−）	−1 377	−917	−933	−916	−748
资本支出（−）	−13	−9	−9	−2	334
消费和投资的现金流量	−1 390	−926	−942	−918	−415
金融机构存款的变动（−）	−20	−20	−20	−20	−20
ROSCA头寸的变动（−）	0	0	0	0	0
贷款（−）	0	0	0	0	0
借款（+）	0	0	−3 300	0	0
收到的净礼品（+）	0	909	2 185	581	1 780
融资的现金流量	−20	889	−1 135	561	1 760
现金持有变动（来自现金流量表）	−1 167	276	7 856	−384	1 062
现金持有变动（来自资产负债表）	−1 167	276	7 856	−384	1 062

续表

月	10	11	12	13	14	15	16
净收入（+）	421	1 140	421	171	1 537	7 903	15 942
调整：							
折旧（+）	60	60	59	59	58	58	58
应收账款的变动（−）	0	0	0	0	0	0	0
应付账款的变动（+）	0	0	0	0	0	0	0
存货变动（−）	0	0	−350	−2 128	255	−230	−6 122
其他现有资产的变动（−）	−36	9	9	69	−47	49	−592
家庭生产产品的消费（−）	−1 180	−750	−1 160	−810	−1 180	−690	−1 157
未实现的资本收益和损失（−）	−116	−74	0	0	0	0	0
来自生产的现金流量	−851	385	−1 021	−2 639	623	7 091	8 129
消费支出（−）	−1 129	−860	−241	−1 344	−1 111	−2 724	−2 682
资本支出（−）	107	65	−9	−9	−8	−9	−8
消费和投资的现金流量	−1 022	−795	−232	−1 353	−1 119	−2 733	−2 690
金融机构存款的变动（−）	−20	−20	−20	−20	−20	−20	−20
ROSCA头寸的变动（−）	0	0	0	0	0	0	0
贷款（−）	0	0	0	0	0	0	0
借款（+）	0	0	0	1 640	0	420	−920
收到的净礼品（+）	227	3 264	946	2 133	1 957	1 529	−2 023
融资的现金流量	207	3 244	926	3 753	1 937	1 929	−2 963
现金持有变动（来自现金流量表）	−1 666	2 834	137	−239	1 441	6 287	2 476
现金持有变动（来自资产负债表）	−1 666	2 834	137	−239	1 441	6 287	2 476

备注：货币单位为泰铢。表中第5个月对应的日历月份为1999年1月。

参考文献

［1］Abowd, John M., John Haltiwanger, Ron Jarmin, Julia Lane, Paul Lengermann, Kristin McCue, Kevin McKinney, and Kristin Sandusky. 2005. "The Relation among Human Capital, Productivity, and Market Value: Building Up from Micro Evidence," Chapter 5 in Corrado, Carol, John Haltiwanger, and Daniel Sichel, eds. *Measuring Capital in the New Economy*, National Bureau of Economic Research Studies in Income and Wealth. Chicago: The University of Chicago Press.

［2］Albanian Institute of Statistics. 2005. "Agricultural Module, Living Standards Measurement Survey, *LSMS* 2005 Albania," (October).

［3］Asdrubali, P., B. Sorensen, and O. Yosha. 1996. "Channels of Interstate Risk Sharing: United States 1963-1990," *Quarterly Journal of Economics* 111: 1081-1110.

［4］Banerjee, Abhijit V. and Esther Duflo, 2008. "Do Firms Want to Borrow More? Testing Credit Constraints Using a Directed Lending Program," working paper, MIT.

［5］Barro, Robert J. 2001. "Human Capital and Growth," *American Economic Review* 91: 12-17.

［6］Barro, Robert J. and Jong-Wha Lee. 2001. "International Data on Educational Attainment: Updates and Implications," *Oxford Economic Papers* 53: 541-563.

［7］Beegle, Kathleen, Elizabeth Frankenberg, and Duncan Thomas. 2001. "Bargaining Power within Couples and Reproductive Health Care Use in Indonesia," *Studies in Family Planning* 32 （June）.

［8］Breeden, Douglas T. 1979. "An Intertemporal Asset Pricing Model with Stochastic Consumption and Investment opportunities," *Journal of Financial Economics* 7: 265-296.

［9］Bureau of Economic Analysis, 1985. "An Introduction to National Economic Accounting." National Income and Product Account Methodology Paper （March）. 2007. "Measuring the Economy: A Primer on GDP and the National Income and Product Accounts," National Income and Product Account Methodology Paper （September）.

［10］ Caballero，Ricardo and Eduardo M.R.A.Engel.1999. "Explaining Investment Dynamics in U.S.Manufacturing： A Generalized （S，s） Approach," *Econometrica* 67：783-826.

［11］ Campbell，John Y.2006. "Household Finance," *Journal of Finance* 41： 1553-1604.

［12］ Chiappori，Pierre-Andre.1992. "Collective Labor Supply and Welfare," *Journal of Political Economy* 100： 437-467.

［13］ Chiappori，Pierre-Andre，Robert M.Townsend，and Hiroyuki Yamada. 2008. "Sharing Wage Risk" working paper，Columbia University and MIT.

［14］ Cochrane，John H.2001.*Asset Pricing*.Princeton： Princeton University Press.

［15］ Collins，Daryl.2004. "The Financial Diaries Project – Background and Methodology," unpublished manuscript.2005. "Financial instruments of the poor： Initial findings from the Financial Diaries Study," *Development Southern Africa* 22： 717-728.

［16］ Contreras，Dante，Elizabeth Frankenberg，and Duncan Thomas. 2004. "Child Health and the Distribution of Household Resources at Marriage," working paper，UCLA.

［17］ Corrado，Carol，John Haltiwanger，and Daniel Sichel，eds.2005.*Measuring Capital in the New Economy*，National Bureau of Economic Research Studies in Income and Wealth. Chicago： The University of Chicago Press.

［18］ Cunha，Flavio and James Heckman.2008. "Formulating，Identifying，and Estimating the Technology for the Formation of Skills," *Journal of Human Resourses* 43： 738-782.

［19］ de Mel，Suresh，David J.McKenzie，and Christopher Woodruff.2009. "Measuring Microenterprise Profits： Don't Ask How the Sausage is Made," *Journal of Development Economics* 88： 19-31.

［20］ Deaton，Angus. 1997.*The Analysis of Household Surveys*.Baltimore： The Johns Hopkins University Press.

［21］ Deaton，Angus and Margaret Grosh.2000. "Consumption," in M.Grosh and P. Glewwe，eds.*Designing Household Questionnaires for Developing Countries*： *Lessons from Fifteen Years of he Living Standard Measurement Study*，Vol. 1： 91-133.Washington， DC： World Bank.

［22］ Duflo，Esther，Michael Kremer，and Jonathan Robinson.2009. "Nudging Farmers to Use Fertilizer： Theory and Experimental Evidence from Kenya," working paper， MIT.

［23］ Duflo，Esther and Christopher Udry.2004. "Intrahousehold Resource Allocation in Cote d'Ivoire： Social Norms，Separate Accounts and Consumption Choices," National Bureau of Economic Research Working Papers 10498.

［24］ Fazzari，Steven，R.Glenn Hubbard，and Bruce Petersen.1988. "Investment and Finance Reconsidered," *Brookings Papers on Economic Activity* 1： 141-195.

［25］ Greenwald，B.，J.E.Stiglitz，and A.Weiss.1984， "Informational Imperfections in the Capital Market and Macroeconomic Fluctuations, " *American Economic Review* 74: 194-199.

[26] Grosh, Margaret and Paul Glewwe, eds.2000.*Designing Household Questionnaires for Developing Countries*: *Lessons from Fifteen Years of the Living Standard Measurement Study*, *Vol.1-3*.Washington, DC: World Bank.

[27] Hart, Oliver.1995.*Firms, Contracts, and Financial Structure*.Oxford: Clarendon Press.

[28] Hayashi, Fumio.1982. "Tobin's Average q and Marginal q: A Neoclassical Interpretation, " *Econometrica* 50: 213-224.

[29] Hoshi, Takeo, Anil K.Kashyap, and David S.Scharfstein.1991. "Corporate Structure, Liquidity, and Investment: Evidence from Japanese Industrial Groups, " *Quarterly Journal of Economics* 106: 33-60.

[30] Hseih, Chang-Tai and Peter Klenow.2007. "Relative Prices and Relative Prosperity, " *American Economic Review* 97: 562-585.

[31] Hubbard, R.Glenn.1998. "Capital-Market Imperfection and Investment, " *Journal of Economic Literature* 36: 193-225.

[32] Jensen, Michael C.1967. "The Performance of Mutual Funds in the Period 1945-1964, " *Journal of Finance*, 23: 389-416.

[33] Kaplan, S.N., and L.Zingales.1997. "Do Investment-Cash Flow Sensitivities Provide Useful Measure of Financing Constraints? " *Quarterly Journal of Economics* 112: 159-216.

2000. "Investment-Cash Flow Sensitivities Are Not Valid Measures of Financing Constraints, " *Quarterly Journal of Economics* 115: 707-712.

[34] Khan, Aubhik and Julia Thomas.2008. "Idiosyncratic Shocks and the Role of Nonconvexities in Plant & Aggregate Investment Dynamics, " *Econometrica* 76: 395-436.

[35] Kochar, Anjini.2000. "Savings, " in Grosh, Margaret and Paul Glewwe, eds.*Designing Household Quesfionnaires for Developing Countries*: *Lessons from Fifteen Years of the Living Standard Measurement Study*, Vol.2.Washington, DC: World Bank.

[36] Lim, Youngjae and Townsend, Robert M.1998. "General Equilibrium Models of Financial Systems: Theory and Measurement in Village Economies, " *Review of Economic Dynamics* 1: 59-118.

[37] Lintner, John.1965. "The Valuation of Risky Assets and the Selection of Risky Investment in Stock Portfolios and Capital Budgets, " *Review of Economics and Statistics* 47: 13-37.

[38] Lloyd-Ellis, Huw and Dan Bernhardt.2000. "Enterprise, Inequality and Economic Development, " *Review of Economic Studies* 67: 147-168.

[39] Lucas, Robert E., Jr.1978. "Asset Prices in an Exchange Economy, " *Economet-*

rica 46: 1429-1446.

[40] Markowitz, Harry.1952. "Portfolio Selection," *Journal of Finance* 7: 77-99.

[41] Mayer, Colin and Oren Sussman.2004. "A New Test of Capital Structure," American Finance Association 2005 Philadelphia Meetings, October 6.

[42] Modigliani, Franco and Merton Miller.1958. "The Cost of Capital, Corporate Finance, and the Theory of Investment," *American Economic Review* 48: 261-297.

[43] Moretti, Enrico.2004. "Human Capital Externalities in Cities," *Handbook of Regional and Urban Economics.*Amsterdam: North Holland/Elsevier.

[44] Myers, Stewart C.1984. "The Capital Structure Puzzle," *Journal of Finance* 39: 575-592.

[45] Myers, S.C., and N.C.Majluf.1984. "Corporate Financing and Investment Decisions When Firms Have Information that Investors Do Not Have," *Journal of Financial Economics* 13: 187-222.

[46] Paulson, Anna, Sombat Sakuntasathien, Tae Jeong Lee, and Michael Binford.1997. "Questionnaire Design and Data Collection for NICHD and NSF Grants: Risk, Insurance and the Family," manuscript, The University of Chicago.

[47] Pawasuttipaisit, Anan, Archawa Paweenawat, Krislert Samphantharak, and Robert M.Townsend.2009. "User Manual for the Townsend Thai Monthly Survey," manuscript, The University of Chicago.

[48] Paxson, Christina H.1993. "Consumption and Income Seasonality in Thailand," *Journal of Political Economy*, 101: 39-72.

[49] Reardon, Thomas and Paul Glewwe.2000. "Module for Chapter 19: Agriculture," in Grosh, Margaret, and Paul Glewwe, eds.*Designing Household Questionnaires for Developing Countries: Lessons from Fifteen Years of the Living Standard Measurement Study*, *Vol.3.*Washington, DC: World Bank.

[50] Restuccia, Diego and Richard Rogerson.2008. "Policy Distortions and Aggregate Productivity with Heterogeneous Plants," *Review of Economic Dynamics* 11: 707-720.

[51] Rubinstein, Mark.1976. "The Valuation of Uncertain Income Streams and the Price of options," *Bell Journal of Economics* 7: 407-425.

[52] Rutherford, S.2002. "Money Talks: Conversations with Poor Households in Bangladesh about Managing Money," Paper No.45, Finance and Development Research Programme Working Paper Series, Institute for Development Policy and Management, University of Manchester.

[53] Ruthven, O.2002. "Money Mosaics: Financial Choice & Strategy in a West Delhi Squatter Settlement," *Journal of International Development* 14: 249-271.

[54] Samphantharak, Krislert and Robert M.Townsend.2009. "Risk and Return in Village Economy," working paper, University of California, San Diego and MIT.

［55］ Schundeln, Matthias. 2003. "Modeling Firm Dynamics to Identify the Cost of Financing Constraints in Ghanaian Manufacturing," mimeo, Harvard University.

［56］ Sharpe, William. 1964. "Capital Asset Prices: A Theory of Market Equilibrium under Conditions of Risk," *Journal of Finance* 19: 425-442.

［57］ Singh, Inderjit, Lyn Squire, and John Strauss, eds. 1986. *Agricultural Household Models: Extension, Applications, and Policy.* Washington, DC: The World Bank Publication.

［58］ Stein, Jeremy C. 2003. "Agency, Information and Corporate Investment," in George M. Constantinides, Milton Harris and Rene Stulz, eds. *Handbook of the Economics of Finance: A Corporate Finance, Vol.1.* Amsterdam: North Holland/Elsevier.

［59］ Stickney, Clyde P. and Roman Weil. 2002. *Financial Accounting: An Introduction to Concepts, Methods, and Uses,* 10th Edition. New York: South-Western College Publishing.

［60］ Stiglitz, J.E., and A. Weiss. 1981. "Credit Rationing and Markets with Imperfect Information," *American Economic Review* 71: 393-411.

［61］ Thomas, Duncan. 1990. "Intra-household Resource Allocation: An Inferential Approach," *Journal of Human Resources* 25: 635-664.1992. "The Distribution of Income and Expenditure within the Household," *Annals of Economics and Statistics* 29: 109-136.

［62］ Thomas, Julia. 2002. "Is Lumpy Investment Relevant for the Business Cycle?" *Journal of Political Economy* 110: 508-534.

［63］ Tobin, James. 1969. "A General Equilibrium Approach to Monetary Theory," *Journal of Money, Credit and Banking* 1: 15-29.

［64］ Townsend, Robert M. and Hiroyuki Yamada. 2008. "The Summary of the Monthly Household Survey of Thailand on Labor Issues," unpublished manuscript, University of Chicago.

［65］ Udry, Christopher. 1994. "Risk and Insurance in a Rural Credit Market: An Empirical Investigation in Northern Nigeria," *Review of Economic Studies*, 61: 495-526.

［66］ World Bank, The. 2006. *Where is the Wealth of Nations?* Washington, DC: Author.